U0701748

MARCEL BROQUET

Laissez-moi vous raconter...

从瑞士到法国到加拿大
从读书、卖书、出书到写书

追书人

[加] 马塞尔·布罗凯 著　肖林 译

海天出版社（中国·深圳）

图书在版编目（CIP）数据

追书人 ／（加）马塞尔·布罗凯著 ；肖林译. ——
深圳 ：海天出版社，2017.10
（海天译丛）
ISBN 978-7-5507-1977-4

Ⅰ．①追… Ⅱ．①马… ②肖… Ⅲ．①回忆录－加拿
大－现代 Ⅳ．①I711.55

中国版本图书馆CIP数据核字(2017)第099964号

版权登记号 图字19-2015-128号
Laissez-moi vous raconter...
53 ans dans le monde du livre
©Marcel Broquet Éditeur.2011
Simplified Chinese translation copyright
©2017 by Haitian Publishing House, Shenzhen, China

追 书 人
ZHUISHUREN

出 品 人　聂雄前
责任编辑　林凌珠　岑诗楠
责任校对　方　琅
责任技编　蔡梅琴
封面设计　蒙丹广告

出版发行　海天出版社
地　　址　深圳市彩田南路海天综合大厦（518033）
网　　址　www.htph.com.cn
订购电话　0755-83460239（批发）　83460397（邮购）
设计制作　深圳市龙瀚文化传播有限公司 Tel：0755-33133493
印　　刷　深圳市华信图文印务有限公司
开　　本　889mm×1194mm　1/32
印　　张　8.625
字　　数　178千
版　　次　2017年10月第1版
印　　次　2017年10月第1次
定　　价　38.00元

海天版图书版权所有，侵权必究。
海天版图书凡有印装质量问题，请随时向承印厂调换。

献给汝拉山区，一切都始于那儿。

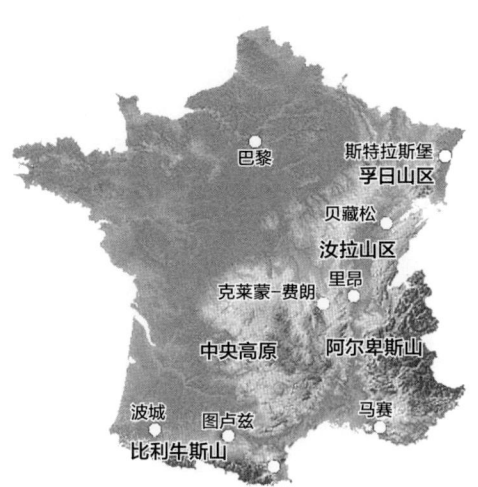

斯特拉斯堡
巴黎
孚日山区

贝藏松

汝拉山区
里昂
克莱蒙-费朗

中央高原　　阿尔卑斯山

马赛
波城　　图卢兹
比利牛斯山

序

每当阅读同行写的东西，我总是掩饰不住自己的兴奋。甚至它们一到书店，我就第一个去买，并以此为荣幸。

多亏了马塞尔·布罗凯（我的油墨兄弟），这次，我要打破自己的纪录了：我将在他的作品出版之前阅读它！一分钱不花就得到它！这太爽了。

谢谢马塞尔给了我这一特权。况且这本书正是我所喜欢的，它非常优雅，具有强大的冲击力。我喜欢它五彩缤纷的画面，尤其是这个作者兼出版家的优美语言，它在（迷人的）故事和散文之间游走。这本书在向他的瑞士故乡，向他的母亲、父亲（遭谋杀而死）和祖先深情地致意。这是一份相当珍贵的自传性资料，记录他的相遇、印象和美好的感情，这些东西似乎并未因日久天长而被淡忘。收集在这里的一切都显得那么自然，只能出自行家的大手笔。

人们总是在问自己，一个人为什么又是如何选择在书业中谋生的？是什么东西促使他这么做的？在这一点上，马塞尔的这本书讲得非常清楚。缺点……或者说是优点对一个勇敢的书商来说似乎都是少不了的。他读的第一本书，书名叫《鲁滨孙漂流记》，这太有意思了。后来，马塞尔又遇到了一些给他带来启发的人，比如说，那个在瑞士很出名的古书商；又比如，蒙特利尔的亨利·特朗基尔，不肯把书卖给随便什么人。

卖过一些豪华书籍之后，马塞尔·布罗凯进入一家图书俱乐部——图书同行公会——工作（多巧啊，我是那里的常客）。

经历了种种事情，他终于明白，书将不仅仅成为他的伙伴，也将成为他的生存方式，"一种巨大快乐的源泉"，正如他自己所说的那样，"也是痛苦和众多困难的根源"。

应该感谢作者（他也是一个大出版家，在魁北克很出名）在书的结尾，顺便带领我们游览了神秘的出版界，初入行的人将发现大量很少解释得那么清楚的信息。

"印刷费只要2.5加元的一本书为什么要卖到20加元？"问这个问题的人最终将找到答案。

阿兰·斯坦凯[①]

---

① 阿兰·斯坦凯（1934— ），加拿大记者、出版商、作家、电视主持人。

前　言

正如让·端木松①在《这很好》（除非我记错了）中智慧地指出的那样，今天，所有的人，理发师、律师、商人、宗教精神导师、在家里修修弄弄的人、政客等等都在写作。总之，他大概是这么说的。

我为什么不写呢？其实，这主张来自我母亲。我每次去瑞士探亲，她总是问我在干什么。书商是卖书的，出版商是干什么的呢？既然你是出版商，你为什么不写写我们的故事，顺便也写写你的职业呢？她觉得写作和出版可以并行不悖。事实上远非如此。其他出版人曾经尝试过，有的成功，有的不怎么成功，比如阿尔班·米歇尔、罗贝尔·拉封、皮埃尔·博尔达。离我们更近的，有作家兼出版人德尼·沃日瓦，有雅克·福丹，有多才多艺的阿兰·斯坦凯。还有的，成功之后，荣幸地有了自己的传记作者，比如说加斯东·伽利玛、贝纳尔·格拉

---

① 让·端木松（1925—　　），法国著名作家、法兰西学术院院士，早年在联合国教科文组织工作，后担任《费加罗》报社社长多年。

塞和印刷家兼出版人弗洛里·梅斯普雷，等等。

　　我觉得有必要指出一点：我喜欢故事，不管是大故事还是小故事；不管是这里的故事还是其他地方的故事。这方面的书我读了很多，所以经不起诱惑，偏离了最初的主张，即只谈书，不谈别的，无论如何，这对我来说几乎是不可能的事情。我不想长时间耽搁在大部分书业人士都熟知的事情上面，而想写写我为什么会进入这一领域，情况又如何，我为什么仍然待在其中。当然，当我谈书时，这一领域中的所有人，从作者到读者，也许都能找到一些有趣的东西。至于专业人士，我想说的是纯粹的出版人，他们会发现我的观点跟他们的观点未必相同。写这本书的时候，我并没有固定的想法，只是想讲讲我自己，首先为了自己快乐，为了回忆一些事情。后来我想，外行人说不定也能从中找到大家了解甚微的有关这个行业的一些信息。就从那个作者开始吧，他来找我时问道："您的印刷厂在哪里？"

　　在这本书中，有许多独立的章节：童年、青少年和初入书业的情况。第一章，我写了好多年。时局、工作、忧虑、家庭，这些东西我并没有太重视，在很长时间里，我没想到要出版它们。最后一章，它与前面几章完全不同，接触到新出版社的许多作者时，我想，我要说的关于书业的事情，也许能从另一个角度，清楚地反映我的道路和这个领域的特殊性，也许在不经意中能让别人感兴趣甚至让他们吃惊。我想补充一下，当我把这个计划告诉大家时，我被一些朋友"推着后背"，尤其是我的女同事，那个工作狂不允许我推迟时间，更不允许我打退堂鼓。一切都像在军队里那样，执行命令，没有商量！于是我在很短的时间里写了第二部分，尽管新的出版社让我忙得不亦乐乎。

　　还要说明一下：我不敢说我所写的一切都是"圣经"。如果我说，曾经是个大胖子的雅克·布罗凯娶了漂亮的伊丽莎白，那不免有想象的成分。不过，上述那个大胖子以前确实存在，姓名也是真的，他是我的一个祖先。至于他是否娶了漂亮的伊丽莎白，我无法百分之百地肯定。但这有什么关系呢？可以确定的是，她一定很漂亮。至于其他，一切都是真实的，有些悲剧性的地方我故意略去了，因为我不想过多地暴露隐私。

　　我也尽量不过于夸大书业的灾难。我谈了一些，但我的言辞没有冒犯任何人。有的人可能会从中认出自己。如果我们关于"图书"的看法不一样，我仍然尊重他们的观点。而且，在描述我觉得荒谬甚至不可饶恕的某些做法，以及某些难免艰难的时期时，我尽量表现得乐观点。

　　这本书是我勇敢和冒险的结果，那些危险，有的我没有预料到，但我最终还是全身而退了。再说，谁也没逼您一定要赞同我说的话，书中的故事也一样。至于我的瑞士朋友，如果我写道，迪维科①是在日内瓦附近被儒勒·恺撒抓住的，而被抓地点其实离贝尔加德更近，请不要恨我。我不是历史学家。

至于纸质图书的未来，无论是预言者、专家，还是经过再三研究预测它们将会消失的人，我都不想劝他们去找别的慧眼者求证，那些人的看法只会跟他们相反。纸质图书会改变，会发生变化，会找到一些小伙伴，这毫无疑问。但那些相信这种绝妙的交流和娱乐方式的人也不用担心未来，它们不仅能适应新技术、新的传播和促销方式，也一定能适应各类读者的口味。

马塞尔·布罗凯

---

① 迪维科（前130—前58），瑞士部落首领。

目 录

我知道文学养不活人。

幸运的是，我没有饿死。

——儒勒·雷纳尔①

第一章

很久很久以前

---

① 儒勒·雷纳尔（1864—1910），法国作家、龚古尔学院成员，代表作为
《胡萝卜须》。

1. 莫韦里埃①

"要想变得更漂亮，只需黎明时分用苜蓿地里的露水洗脸。"

被认为是村中最智慧的那个老吉鲁吉亚人信誓旦旦地对镇长的女儿这样说。应该相信，这一建议结出了果实，因为，没有人否认，伊丽莎白是村里最漂亮的女孩。

听到母亲叫她，这个女孩恋恋不舍地最后扫了一眼懂她心事的镜子。她淘气而顽皮，顾盼四周，浑身充满了活力。那天，她穿上盛装，披上她最漂亮的花边披肩，准备参加她父亲和其他重要人物准备了几个星期的重大活动。

****

约瑟夫-吉约姆·林克·德巴尔登斯坦，这个身材高大的绅士，是巴塞尔的第74位大主教，素有公正善良之名声。这是

---

① 莫韦里埃，瑞士城镇，位于该国西北部，由汝拉州管辖。

一个出色的管理者，雄心勃勃，希望凭正义和智慧来治理，让他的教区走向现代化。"他讲究礼数，头脑聪明，却又丝毫不蔑视实用性，这位主教以对公共财产的虔诚爱护而获得了大家的爱戴。"

他一直保留着他的头衔，尽管他的一个前任自宗教改革以来就丢掉了巴塞尔城这个重要教区。镇上的有钱人对他们的主教充满敬意，感谢他出色的工作，但心里却拥护共和，而且，他们大都接受了路德激烈的宗教改革思想，深受伟大的人文主义者，深受画家小荷尔拜因、丢勒以及当时众多伟大的思想家和艺术家的影响，1501年，这个乡镇站在了瑞士联邦强大的共和派一边。

保留自己头衔的巴塞尔大主教们长期住在波朗特吕①的城堡里，那是一个讲法语的天主教小镇。城堡虽然很庄严，沿着墙边却有一个相对简朴的院子，就像当地所有的行政机构那样。可主教根本不需要任何奉承者。今天，依然有许多人去参观这个修缮和保护得极好的主教府。城堡巨大的主塔十分壮观，视野开阔，中世纪的乡镇和周边的田园风光一览无余。②

汝拉山区这个小地方，或者是已不复存在的巴塞尔古教区，我对它的兴趣要追溯到青少年时期。那时，除了阅读带来

---

① 波朗特吕，瑞士联邦西北部汝拉州的一个镇。
② 维吉尔·罗塞尔：《伯尔尼汝拉山区历史》，日内瓦，1914。

的最初喜悦，我还喜欢上了古老的石头、有时埋藏在荆棘中的围墙、我们的农庄以及古老的城堡和小路。那些古道，今天有时还让人觉得它不会把你带向任何地方。那些东西，我总觉得它们很神秘，充满了无法抵挡的魅力，有时甚至让人感到有些不安。

讲起故乡某些特别能引起联想的地方，讲起我的祖先们，我现在还感到快乐无比。有些地方我其实并没有怎么生活过，但多年来，回乡的时候，我常常在那儿流连忘返；有关它们的书，在罕见的几家古书店或当地的小书店里有时能找到几本，有时是朋友和堂兄弟寄来的，有时甚至是从汝拉山区的文化馆里弄来的，这些书让我爱不释手。

有的地方至今仍继续抚慰着我的梦。没办法，我头脑中老想着上次回乡没能实现的计划。不管是一个要去重新看看的角落，还是一个需要发现的新地方，抑或是一条要走的小路，一座要爬的山，一所偏僻的教堂，我想象着在圣体瞻礼节时那里排着一行行漂亮的仪仗队伍。那个没有大路、远离旅游区的地方，它的故事太丰富了。多年来，我不仅越来越想知道得更多一些，而且想通过历史学家、真正热爱汝拉山区的人所写的东西，来了解关于它的各种故事。

后来有一天我想，不妨做点记录，在我装在口袋里的小本子上随便写上几页，纯粹作自娱自乐，就像许多人在旅行时所做的那样，免得忘了。思乡和想对家乡了解得更多一些的愿望驱使着我，然而我也清楚地知道，将来，我的生命会在美洲大地而不是在先辈的土地上结束。

不过，正如大家都知道的那样，要写作，而不仅仅是记笔记，哪怕并无发表的任何打算，只是自己写着玩，首先也必须大量阅读。事实上，人们有时就是因阅读而走向写作的。这是一个漫长、持久、艰难而必不可少的过程。尽管我清楚地知道，阅读有时能让人成为作者，但并非我们每一个人都能成为作家。

这个古老的地方，大部分属于古罗拉西，昔日曾是众多侵略者的必经之地，它包括今天的瑞士汝拉山区以及伯尔尼的汝拉州，居住着罗拉西人，这个高卢族群曾与赫尔维蒂人结盟，后者当时占领着今日瑞士的一部分土地。公元前58年，罗拉西人像赫尔维蒂人一样，烧毁了自己的村庄，在首领迪维科的领导下，试图越过罗讷河，进军日内瓦，占领高卢南部更富饶、更温和的地方，主要是现在的阿基坦地区。但他们受到了恺撒的阻拦，战后的恺撒变得宽宏大量了，他迫使他们回到自己的家乡，重建家园。请注意，就像每个热爱汝拉山区的人都会向你指出的那样，就政治而言，现在有两个"汝拉地区"，它们无论如何不能变成一个。不过，那是另一个故事了，不是本书的目的。

所以，巴塞尔的主教辖区其实是大公的领地，大公就是它的大主教。如同别的许多小地方一样，侯爵领地、公爵领地、王国、自由城邦或省份，主教辖区是日耳曼古罗马神圣帝国的一部分，拥有很大的自主权，只服从皇帝的最高领导。约瑟夫-吉约姆的统治从新城延伸到劳夫内，后者是个德语县城，与巴塞尔相邻，现属巴塞尔（1979年，巴塞尔建区时，通过全民投票脱离了汝拉地区），主教的统治也扩大到圣伊米里埃山谷，扩大到德雷蒙，那是主教的避暑胜地，扩大到布瓦山区（几个世纪前，那里到处都是森林），现在大家都把那里叫做弗朗什山区。新城这座小城（它根本就不新）俯瞰着圣皮埃尔岛，现在它已不能算是一个真正的岛，因为人们修建了一条永久的海堤，从塞里埃即可步行上岛。塞里埃是另一个迷人的中世纪小城，有伯尔尼典型风格的漂亮城堡。那个岛在我年轻的时候仍叫做让-雅克·卢梭岛。有700年历史的"新城"，俨然是大公领地的一道屏障，一边是湖，一边是汝拉山的第一道山脉，遍地的葡萄树倒映在比安湖中。[①]

我母亲就安葬在那里的一个小墓地中，在"白色教堂"上方。那座教堂的历史比城市还要悠久，这很让人好奇。

于是，我们的大公就也统治了比安城，但这座城经常起来反抗他，他多次采取措施。但比安太强大了，产生了野心，纳沙泰尔有权势的伯爵也经常制造阴谋。当然，大公也是现在的巴塞尔地区和索洛尔地区的领主。[②]

---

① 菲利蒲·樊尚：《汝拉共和国》，24小时出版社，1978。

② 夏尔-菲迪南·莫雷尔：《古巴塞尔教区历史与统计数字》，汝拉图书馆，1959。

　　巴塞尔旧主教辖区以这个名字建立城邦是公元1000年前的事了，准确地说是999年多，比利时人常学我们这样说。它好像也是法国最古老的公爵领地，尽管它属于这个地区只有不幸的几年，后来便长期留下明显的反法痕迹，尤其是在阿茹瓦。而且，千万不要说阿茹瓦人是法国人，正如不要说泰辛人是意大利人一样。汝拉地区（瑞士的汝拉人达成一致，不要与其他汝拉人混在一起：旺岱人、纳沙泰尔人、法国人、施瓦本人和弗兰克人）布满丘陵，历史悠久，山势平缓，地形复杂，山谷苍翠，对于喜欢大小历史的人来说，有些地区现在还非常神秘，比如圣乌塞恩，那是个中世纪古城，非常漂亮，杜布尔人匆匆经过此地的时候，在那里建了美丽的罗马式教堂，以一个爱尔兰修道士的名字"乌塞恩"命名。我参观过那个洞穴，他好像曾与被他驯服的熊住在里面。2005年秋，就是在那个古城，我遇到了安德烈·拉夏，一位奇特的书商，有些书他不愿意卖，至少不随便卖，他说。我设法找到穆捷格拉瓦尔修道院旧址，当然是匆匆忙忙，但它似乎没有留下任何痕迹。它以其《圣经》出名，那部漂亮而著名的《圣经》，现藏于大不列颠图书馆，关于它，有一个漫长而动人的故事：它于835年前后在图尔印制，被流动商贩、农民和旧收藏家卖来卖去，其最后一个"买主"曾住在德雷蒙的汝拉博物馆现址。然而，多年前，准确地说是1980年，博物馆得到大不列颠图书馆的允许，展出了那部杰作。英国人为什么不干脆把它送给博物馆呢？也许是因为穆捷格拉瓦尔的那部《圣经》属于全人类，自然也属于德雷蒙。

贝尔莱修道院及其美丽的传说，也始于公元1000年，我对它非常熟悉，因为我在那里生活了两年，我的初恋就是在那里发生的，尽管只持续了一个夏天，那段幸福时光终生难忘。这让我在几年中相信，初恋永远是终恋。我是在索耶尔城堡脚下出生的，我视它为友，每次回到汝拉山的家乡，我都怀念它，对它充满敬意。多年来，我总想登上它，但一直没有如愿。索耶尔城堡啊！我不得不再说起你！我等会儿会说的。

佩尔蒂伊石道是古罗马人在岩石上挖出来的，它是古罗马人从阿旺什到巴塞尔的必经之路。那条挖出来的石道，我母亲曾住在离那里步行仅几分钟的一个名叫塔旺的贫穷小村庄里。横跨法国和瑞士边界的吕塞尔修道院，离莫韦里埃只有几公里，在法国大革命中被毁，那些郁郁葱葱的山谷让人想起爱尔兰的颜色。沃堡，古代的祈祷之地，也是强盗出没的地方，充满了悲惨和复杂的故事。如今，它无疑仍是当地最神秘的历史遗址之一。让我们这样说吧，朝圣者走进它就是走进历史。1931年8月28日，我的父母就是在那里举行婚礼的，十分简单；25年后，我哥哥米歇尔也同样。至于我，我是在那里受洗的，很久很久了，我得用十年为单位来数。稍微有一点想象力，就可以想象出我的祖先具有什么样的精神，才能穿过两边都是峡谷、遍地都是茂密森林的地方。这些山隘阴森可怕，深不可测，但也十分迷人，现在，人们还觉得无法深入其中。可在我有时觉得非常近其实已非常遥远的年代，我曾悄悄地沿着河流两岸捉蜗牛。直说吧，主要是在上代数课和算术课的时候，目的是想逃避方程式和平方根。那时，我带着一本书，坐在"我的"岩石上，俯瞰着下面的悬崖，练习在丛林学校习得的绝技。稍微下面一点的地方，走几步，河的另一头，就是那座著名的修道院。那个我如此深爱的地方，总是向我诉说着遥远的过去。每当看完它，回到美洲大陆，我总会想念得厉害。我将用我自己的语言跟你讲述，心里怎么想就怎么说，想起什么就说什么，看到什么就说什么，带着感情，根据我多年来积累的知识，当然是从书中看的，但也许也要归功于丛林学校。

****

1767年4月底，我们的大公决定去视察他属下最边远的领地。他带着随从，坐着简陋的马车，迎着早晨常有的浓雾，行进在比尔斯山谷中新开的道路上。四个士兵持着武器，穿着色彩鲜艳的服装护送着他。他坚持要他著名的道桥专家到场：弗朗索瓦·德克尔是一个天才工程师，充满了想象力，如今埋葬在波朗特吕的圣日耳曼公墓，墓碑镶嵌在古墓的围墙上，现在还刻着以下动人的墓志铭：

> 此处安息的人
>
> 给我们建造了大路
>
> 他刚刚结束自己的一生。
>
> 让我们为他祈祷！

追书人

教堂为生者而建，

他在临终之前

要求把他送去墓地

放在这块石碑下面。

陪伴大公的还有一位年迈的修道士，十分博学，负责起草文书，充当秘书；一个仆从，总是点头哈腰，战战兢兢；一个穿着雨衣的马车夫，两眼总是警觉地望着前方；最后是雅克，他忠诚的胖随从。在这一群人当中，只有他佩剑，他握着雕花剑把，迈着骑士那样的标准步伐。大公是个虔诚的信徒，一路上听人赞扬他爱家乡，他们忠于他也尊敬他……每个人都向他缴付什一税①。一大早，他就离开了德雷蒙城堡（他的夏宫），前往莫韦里埃村和周围的高山，感到责任重大，并为自己的成就而自豪。他满怀善意地听取自豪而忠诚的臣民们的效忠和怨言。

高高的山上，尽管一大早就被太阳晒热，冬天却迟迟不愿意消失。不过，茂密的森林边缘已经开满雪莲花。在上艾比泰斯下方的草地上，睡莲与之媲美，让整个村庄上空都花香扑鼻。

在这高高的田园上，由于春天来临，阳光明媚，几天前山花就已经盛开。这样的乡村之旅，对于一个深爱自己家乡的贵

---

① 源起于旧约时代，由欧洲基督教会向居民征收的一种主要用于神职人员薪俸和教堂日常经费以及赈济的宗教捐税，数目为捐纳人收入的十分之一。

人来说，是一种真正的享受。这个小山村建在两边丘陵已经发绿的小山谷里，只有三条马路。从德雷蒙来到这里，必须穿过比尔斯山谷，走沿河新开的一条小路，钻过沃堡，经贝尔里弗村和索耶尔村，然后爬两个小时的山才能到达莫韦里埃。有的地方斜坡很陡，马匹行走困难，大公决定下马，跟着沉重的马车走。以身作则是他的原则之一。况且，成了大公的这个主教是个非常强壮的男子汉，不会拒绝锻炼，恰恰相反。[①]

根据要求，莫韦里埃教堂建在小镇的中心，一面傍山，四周是墓地，离小小的中心广场只有几步之遥。从索耶尔而来，一出森林，还没到村庄，就可以看见它的塔顶。教堂原是木结构建筑，上次火灾后用当地的石头重建。同样的石头，有时被用来划分地界，几公里外、比这地势稍高的弗朗什山区也同样，这样的石头现在还到处可见。

这个神圣的地方，长期以来是老神甫亨利·谢弗尔的骄傲。在那个难忘的日子，他荣幸地坐在他的大公兼上司旁边的席位上。人们现在还可以看到，在教堂的后面，有座旧城堡的废墟，也许是路过的瑞典人破坏的，几个世纪前，瑞典人曾在当地大肆破坏。中心广场有条小路，从左边通往其他小村以及吕塞尔教堂和卢温布尔城堡。教堂对面有家客栈，驿车每周来两次，人和马在那里休息之后，朝德雷蒙小村的方向继续往山里走，或者朝近在咫尺的阿尔萨斯方向走。

---

① 《乡民回忆》，波朗特吕，汝拉地区社团，1983。

莫韦里埃村（作者2007年拍摄）

这个村镇自中世纪以来一直没有变化。一条小路从南边进村，从西北方向出村，路边是农庄，有30来个，农庄与住屋、谷仓和牲口棚合为一体。每个农庄一直以来都饲养牲口，所有厩肥都细心地堆成猪血香肠的样子，不是堆在房前，而是屋后。这样，过路人或是罕见的客人就不会觉得肮脏，这也是对他们的尊重。农场主总是保持屋子的干净，牲口棚也一样。村里有几口泉，以前曾流出清水，现在牲口回来仍在那里停下喝水。总之，村里有三条马路，还有几条小巷，巷里有几座新建的现代化屋子，也就是说有卫生器具，是外出打工的孩子们赚了钱回来盖的，他们退休后回到故土养老。

神甫发展了不少教徒，镇长呢，也从来没想过退休或袖手旁观，远非如此。他要主持这些事件。他是老大，是小镇里的行政官，这不但使他成为当地首富，也成了掌握大权的乡绅。他坚持要上司到他的领地来访，这引起了胖随从的兴趣。胖随从是本地出生的，所以非常鼓励他。尽管村民中有几个刺头，以前曾造过反，但镇里还算平安无事。镇长的演说做了精心准备，广场弄得很干净，唱诗班的成员们等得心急，丝毫不怀疑他们山里人的漂亮声音能给约瑟夫-吉约姆大公留下深刻印象。

他们是这样称呼他的，因为他们记不住他的日耳曼名字。广场上搭起了一个五彩缤纷的讲台，让大公和他的随从以及神甫、村长及几个重要人物，还有镇里的小学教师能在上面向大家讲几句话。等待大公的民众可不是随便从大街上找来的无赖，也不是穷人和流浪汉，而是享有高度自由的农民，尤其是富裕的有产者，他们享有免税的特权，与邻为善，和平共处。附近的村子来了大规模的代表团：各地的旗帜在春天的风中高高飘扬。

这一小群山里人的欢呼和尊敬，让大主教的心里暖洋洋的。由于道德高尚，他成了大公，因此也成了当时的政客。他来到广场的时候，掌声非常热烈。他一到，欢迎仪式就开始了，让他来不及休息。尽管有几个人爱抱怨，但这个村还是一个忠于大公的模范。大公也丝毫不想向自己的臣民施加压力，他普度众生，不管是二流子还是有钱人。人们早就传说他做事公正，强权但善良。他名声好，富有同情心。①

这位大人当时是宗教界兼政界的杰出代表。在他之前，道路弯弯曲曲，出行困难，且不太安全，因为江洋大盗有时会经过这里。现在，在忠诚的德克尔的领导下，完成了不少大工程，人们可以轻松地穿过山隘和悬崖了，比如库尔、舒瓦德、多班罗什，以及连通弗朗什山区和德雷蒙山谷的皮雄。人们还挖了隧道，设了许多驿站，方便游客休息。道路和乡村都有士兵巡逻，保护山民和游人不受强盗的侵犯。大公向教皇请示，要求得到授权，限制假期的数量，这在当时是个大问题。有劳动能力的人必须劳动，而不是在市集和众多的小酒馆打发时间。在所有的村庄和大一点的农庄，酒馆处处可见。而且，大公还重组了他的小部队和行政机构，开办了许多学校和医院。总之，他把那个地方带向了现代化，不管花多少时间，也不惜用尽自己的钱财，只要是为了大众的利益。

镇长致以热烈的欢迎辞（根据传统，这是当地首富的任务），神甫也讲了几句表示敬意和服从的话，之后，大公便开始发言。

许多臣民这才发现，他们很难听懂大公的话，他的法语变了音调，和他的母语德语混在一起，他们听得不是很懂。而

---

① 《乡民回忆》，波朗特吕，汝拉地区社团，1983。

他们大多数人都讲土话，也就是方言，语音语调和许多用法甚至不同的村庄都不同。

但这种惊讶并没有持续多久。那个站在大公身后不远的胖男人，就像他的影子和保镖，步伐矫健，手握剑把，十分自信，戴着奇特的双角帽，穿着多彩的服装，用只有土生土长的人才懂得的地方语言，把大公的话翻译成当地法语。

大家心里都在想：这个奇特的男子是什么人？他似乎影响很大，其洪亮的声音与他的主人的声音形成鲜明的对比。这个大公介绍说是他的随从的人是谁？当然是他信任的人。仅仅如此？谁会对他们这么了解呢？因为他不断地看着众人的面孔。[1]

他是当地人，今年35岁，很小的时候就成了孤儿，离开了家乡莫韦里埃，穿过总有地方在打仗的整个欧洲，在战场上出生入死，按照大贵族、国王、大公、公爵、皇帝甚至教皇联盟的意愿，在多年当中被雇佣为法国国王服务，这是当时通常的做法。他经常想念自己的家乡，便决定回乡。由于他显赫的名声，也许还由于他响亮的声音，并且能流利地讲家乡的两种语言，还懂得方言，大公给了他这个位置。这是一种巨大的特权，也是信任和友谊的巨大表示。这个职务非常适合他。

这个叫雅克·布罗凯的人回到了家乡，打算在大公身边的任期结束之后便在这里住下，成家立业。众所周知，这个地

---

① E. H. 博韦：《加拿大和瑞士》，弗里堡，大学出版社，1976。

方可不缺健康漂亮的女子。他站在高高的讲台上也看得清清楚楚。他的目光悄悄地，不过越来越执着地看着站在镇长先生的妻子布雷歇夫人旁边的那个年轻女子。

他的声望、小小的财富和知识让其他问题迎刃而解。他将在自己的家乡扎根，这是定了的。他会对大家有用，必要时可以代表他的上司，至少他是这样认为的。况且，几年后爆发的法国大革命颠覆了一切。他要寻找自己的继承人，打破这个平静村镇的社会、政治和宗教习俗。在国外待的那些年中，我们的这位大人随从常常想家。

****

弗朗索瓦，即法国国王弗朗索瓦一世，在马里尼昂大败瑞士人之后（瑞士人在我们的教科书中谈到瑞士历史时称之为"马里尼昂之败"），决定团结他们，给他们以永久的和平。但事实上，到了路易十五时期（这是个精明狡猾的政治家，他联合瑞士人和其他人来反对大胆查理，即勃艮第公爵），他们才成了法国雇佣兵。不过，主要是1515年马里尼昂战斗之后，许多瑞士人和附近小地方的臣民才加入欧洲雇佣军。很久以后，有两个雇佣兵甚至成了加拿大总督，为大英帝国服务：弗莱德里克·哈尔迪曼，尽管他取了一个英国人的名字，却是个讲法语的人，他于1718年生于伊韦尔东，1777年到1786年成了加拿大总督；还有一个是乔治·普雷沃斯特，尽管取了一个法国人的名字，却是个讲英语的人，他于1811年到

1815年担任总督。

　　所以，来自今日瑞士某些地区的被雇佣者加入了许多外国军队，尤其是法国国王和英国国王的军队。不过，据说，这些士兵一听到家乡流行的伤感音乐便会成群开小差。结果，他们被禁止演奏这些音乐和唱这些歌曲，因为这太危险了，常常让他们违反纪律，影响他们忠于国王，履行诺言。

　　尽管如此，在瑞士军队里，尤其是在新生学校里，依然能听到有人哼唱甚至集体大声歌唱这类十分伤感的歌曲。我在这些光荣的军队短暂服役时，听到这些歌声，有几天都产生了"不辞而别"的念头。但在我们的中士看来，这是背叛祖国，或是一种懦弱的行为。一句话，应该热爱自己的军队，这是传统的要求。但现在，在白十字架旗①从军许多年之后，我有时会忍不住唱起著名的《挤牛奶》。当然，必须是在独自一人的情况下。不过，如果哪天你一定要我唱，我会跟你们一起唱。你们只需学会说弗里堡话或者是格鲁恩话，换言之，要会讲弗里堡方言。

　　这是一首歌的开头，因为歌很长。如果你是弗里堡山区做奶酪的牧民，它定会让你落泪。

　　　　科隆贝特人的牧民
　　　　早早起床

---

① 指瑞士国旗。

等等，等等。

（副歌）

来吧来吧挤牛奶（重复）

白的，黑的，红的，

年轻的，头上有点的，

所有的奶牛都过来吧

来到橡树下面，让我给你们挤奶

来到我做奶酪的这山杨树下

来吧来吧挤牛奶（重复）①

---

① 《挤牛奶》节选。

2. 先辈

今天，在参观梵蒂冈的众多朝圣者和游客中，有人会试着跟教皇的一两个卫兵合影照相。你们是否知道那支小卫队的历史？他们穿着花花绿绿的服装，手里拿着戟，迈着法国雇佣的德国兵的步伐，但也有现代化的武器。而且，他们被招入卫队，还必须符合许多条件。

1506年，准确地说是当年的1月22日，在儒勒二世（当时人们称其为儒勒·恺撒，因为他的人格力量，相信自己是文艺复兴时期最重要的政治领袖）教皇治下，成立了教皇的瑞士卫队。跟今天一样，卫士们要宣誓效忠教皇。招募主要在瑞士中部的所谓原始地区（乌里、斯威兹、安德瓦尔特、吕塞纳）进行，那些地区人口众多，而且很贫穷。一年后，也在瓦莱地区和弗里堡地区招募，那些地方因此而拥有某些经济优惠。那些让全欧洲都闻风丧胆的著名战士很会打仗，极为忠诚。在我们的瑞士历史上，人们还记得路易十四的卫队，900人最后全被革命者杀死。事情发生在1792年8月10日，准确地说是发生在巴黎的杜伊勒里宫。在爆发革命这一悲惨插曲之前很久，儒勒二世就委托他的朋友，瓦莱的红衣主教马蒂厄·施内招募卫队。

当两个伙伴在商量招募"条件"时，国王这样回答出名吝啬的教皇："不花钱，就没有瑞士。"那些跟瑞士人打交道的人现在还使用这种说法，也许银行家如此，但出版商绝对不会这样！今天，卫士主要在瓦莱地区招募。他们必须身材高大，没有污点，眼下还是独身。他们要服从上校指挥，但卫队本身直接向教皇负责。这些忠诚的瑞士士兵，穿着漂亮的制服，受到大家的尊敬，制服颜色鲜艳，图案是米开朗琪罗设计的。梵蒂冈小城到处都由他们站岗，负责保护教皇。

****

言归正传，继续谈雅克·布罗凯吧！他找到了家族的部分成员，他们都以为他死了十五六年了！他的荣耀、他健壮的体魄，毫无疑问……还有他小小的财富，使他很快就获得了漂亮的伊丽莎白的芳心。雅克是我的祖先弗朗索瓦的一个堂兄，生于1756年8月1日，与伟大的莫扎特同年。当时是七年战争时期，国王是路易十五，被称作"被喜爱者"，与伏尔泰、亨德尔、牛顿、狄德罗、卢梭、康德、弗拉戈纳尔、孟德斯鸠、让-塞巴斯蒂昂·巴赫、本杰明·富兰克林和许多世界级大天才同时期。这是一个启蒙的世纪。

****

出于什么逻辑和策略，才会把一个地方赐给一个家族？如何才能成为一个有钱人？在欧洲的某些国家，有产者和过去普通的老百姓或今天的公民之间有什么区别？可以推测，在古代，从中世纪初期开始，人们就很少离开自己的村庄。他们在这里出生、劳作、生老病死。有时，有的人去远方征战（这很少），或去新大陆殖民，永远不再回来，一两代之后就从人们的集体记忆中消失了。但这些地方，其实离城市并不是很遥远，人们今天有时还能听到：某某人"来自"某某地方。他们是本地人，人们勉强还回忆得起来。

随着时间的推移，他们可能成了有产者，买了某种社会身份，以区别于乞丐和农奴，后者一无所有，甚至连耕种的那一小块地也不属于自己。这种有产者的身份代代相传，连同所有的特权，包括分享开发公共森林和牧场所获得的收益，抽取众多的税款（直至其消失），分配多余的财政预算（如果有余）。还包括投票权和参选市镇议会，当然，他们在教堂里也占有最好的位置，并得到全体居民的尊敬。要保留这种权利和众多的特权，必须待在村中，并且一直待在那里。我的祖先就是这样，几百年待在村里，直到其中的一个成员，其实也是别无选择，离开了村庄，永远不再回来。他们只能通过思念、梦想和感伤才能回到家乡。

家族徽标（"自由版"，20世纪90年代弗朗索瓦·拉贝尔-布罗凯重新绘画）

　　所以，布罗凯（Broquet）是莫韦里埃，后来是德雷蒙的一个汝拉家族的遗产。几百年来，这个姓氏的拼法发生了显著变化。1354年写作Borquet，1406年写作Broquard，1610年写作Brucquet，1668年以后写作Broquet。这是受中世纪的一个拉丁词Burchardus启发而产生的名字，拥有这个姓氏的是日耳曼皇帝孔拉德时期一个十分博学的人，他曾是皇帝的家庭教师，1012年被命名为德国沃尔姆的大主教。所以，这个家族也跟巴塞尔的大主教一样古老，最多差13年。

　　后来，那块土地再也养不活某些家庭的众多后代，莫韦里埃的许多孩子都远走他乡。首先去了今汝拉山区的边界地区，然后去得更远，到了像日内瓦、巴黎、伦敦这样的大城市；去法国南部的下加莱地区，英属诺曼底的泽西和热内西岛，南部非洲和美洲。有的成了法国人，有的成了德国人、英国人或美国人，有的在美洲或澳大利亚的土地上改变了姓氏。

所以，移民早已有之，不管是爱尔兰人、法国的胡格诺教徒，还是讲法语的瑞士人。再讲几个小故事，莫韦里埃其中的一个布罗凯成了神甫，80岁高龄死于巴黎的断头台。恐怖时期，他被圣器管理员告发，因为他偷偷地举行弥撒。还有一个，成了拿破仑军队中的将军，1812年逃出别列津纳河的冰川，从俄罗斯战役中侥幸生还。还有一个在中美洲当传教士，据说，最后被印第安人吃掉了，其实他和别的许多人一样，是得热病死的。在这些移民的布罗凯当中，有许多是冒险家，剩下的要本分一些，喜欢平静的生活，因此他们成了医生、神甫、公证人、金银匠和（也许是拥护奴隶制的）种植园主。

其余，至少是大部分，则有时（甚至是经常）和村中别的居民一起泡酒吧。星期天上午，做完弥撒，甚至还没做完，男人们（他们认为自己是真正的男人）就在那里扎堆了，那种见面可以说是必不可少的。对某些人来说，这在过去是一种仪式，现在也是，永远都是。几乎是强制性的。这让神甫、当妻子的和孩子们很失望，他们不得不乖乖地回家。有的人甚至顶撞生了气的神甫，神甫毫不犹豫地在祭坛上点他们的名。他们不参加日课，想提前一点或尽早走，借口说想忘掉一点日常生活中的烦恼，有时是忘掉在某一时期紧随他们的贫困。争论往往具有"阳刚"之气，因不同的意见而起，或是因为多喝了几杯，或是某些往往是同族之间持续了几十年的怨恨。在这个渎圣的、大家都觉得亲切的地方，男人们讨论、玩牌，有时争吵。大部分或者说几乎是所有人都姓谢弗勒尔或布罗凯，也有少数人姓莫南、莫里兹和蒂埃克。有的人思想活跃，但这并不意味着他们真的有思想、有教养，不如说他们热血沸腾，有些理智，有时是西西里人的理智，有荣誉感。为了捍卫这种荣誉，必要时，他们会动手。

所有姓布罗凯的本地人，不管是心平气和的还是爱吵架的，不管是冒险家还是野心家，都来自莫韦里埃这个让人愉悦的地方，有人并不知道这一点，因为他们不在这里出生。像许多团体一样，村庄是他们的中心，尽管经过漫长的迁徙，对他们当中的大部分人来说，已经谈不上是同族或有明显的归属感。其实并不是所有的布罗凯都出生在莫韦里埃，我知道父亲那边有几个诞生在魁北克但老家在汝拉山那个乡村的"布罗凯"。有位女性，我一直记得，她不姓布罗凯，出生在魁北克的尼科莱，但因"老家在莫韦里埃"而感到自豪。至少她自己是这样说的，有点像开玩笑，但她说这是真的。

我第一次回那里的时候，已经离开汝拉山好多年，不过是一个从非常遥远的美洲来的堂兄而已。村里的人我一个都不认识，也没有一个人认识我，现在就不是这样了。当时陪伴我的是我母亲，我记得我在村口的一个农户门前停住脚步，问他：

"您好，您知道村里有个叫马塞尔·布罗凯的人吗？"

"哪个？"他回答说，"是热尔曼家的还是米歇尔家的？"

我清楚地意识到，我的城里口音让他把我当作一个陌生人。可他怎么就认不出我来，把我当作是他们家族中的一员呢？况且也许还是他的堂兄？当我说出我的名字时，他深表怀疑，但没有反驳。总之，我推测，对他来说，"真正的堂兄"应该待在村中他们祖先的农田里。

之后，我又回去过很多次，实际上每次我去瑞士都会去看看，换言之，自从我重新发现了自己的村庄后，我每年都回去。说真的，我有两个村庄，其中一个就是索耶尔。当我由于工作的需要，从洛桑、日内瓦、伯尔尼、纳泰尔、巴黎或法兰克福回到弗里堡的时候，我都去塔瓦纳看我母亲，并常常在莫韦里埃拐一下。我喜欢一个人回去，走到高处停下，沿着普莱尼方向，悄悄地、不动声色地在村里闲逛。这种归属感从来没有离开过我，尽管我从来没有在这个地方生活过，但这块土地居住在我身上，并将永远如此，直到我离开这个人世。

事实上，没有人去莫韦里埃。当然，除了巴尔顿斯坦大公及其侍从！再说，你去那里干什么？除了慢慢地在那里做梦，回忆汝拉山上这个古老家乡的过去。这个偏僻的角落，数百年来都没有实质性的变化；坐在森林中的木桩上休息，听集体大牧场上牛铃叮当响，想象着过去的生活，祖先们的生活，他们的苦难与贫穷，他们的希望和为了生存而进行的斗争。这是我不时地犒劳自己的美好奖励。某个小小的隐居地，比别的地方要好得多。我清楚地知道，我可以在这里生活，但不管怎么样，我都会感到自己是个外乡人，远离了自己所爱的人，永远会怀念在美洲土地上法国人居住的地方，我在那里受到了热烈的欢迎。但第一代移民绝不会有宾至如归的感觉。可以说，他们做出了牺牲，但也得到了某种满足。

莫韦里埃的海拔比索耶尔高300来米，已经属于弗朗什山区了。这个小村镇像临近的小镇一样，主要以农业为主，透出瑞士高山峡谷田园般的平静和安宁。现在，那里的生活当然没问题，但不在田间劳动应该是一件不大妥当的事情，有些让人尴尬，一定会觉得自己像个外来的城市居民，远离自己的家乡，有些不自在。这里没有游客，只有几个在城里工作的当地人退休后回到这里来过平静的生活，比如说我的朋友诺贝尔·布罗凯，他是当地的首富，所以是个有社会地位的人。他信誓旦旦地说，我们并不是堂兄弟。不管是不是堂兄弟，这些在城里获得成功后回家的有钱人，应该老实承认，其实他们一直没有离开过自己的村庄。他们回来后，修建了阿尔卑斯山风格的现代木屋，与一百多年的旧农庄形成了鲜明的对比。各种现代化设施也与回归从前形成了对比。

尽管我多次回访，但我很少接近居民，不过也足以发现，他们身上有些和他们所生活的土地相似的粗鲁。在许多偏远的农村，至少是在农民身上，都能发现他们对外来者有一种巨大的警觉。但也必须指出，谨慎地接近你之后，他们会欢迎你，把你当作一个失而复归的孩子。于是对你微笑，露出地主的那种自豪，请你吃威廉梨子或是喝李子酒，伴以一块家里做的馅饼。除了母亲做的馅饼外，没有比这更好吃的了，上面有个绿皮李子。

3. 家人

我的祖先弗朗索瓦和他的妻子卡特琳娜·弗勒里（1755年9月6日生）有7个孩子，其中一人当然取名为弗朗索瓦，生于1783年8月23日，结婚两次，第一个老婆叫于苏儿·布罗凯，也许是一个讲德语的堂妹，她也出生于1783年8月23日；第二个老婆叫玛丽·萨尔加，生于1797年3月1日。我的曾曾祖父母有十多个孩子，其中包括格雷古瓦，我的曾祖父，生于1821年7月19日。格雷古瓦和他的老婆卡特琳娜·弗兰茨有8个孩子，其中包括我的爷爷弗朗索瓦-萨克维埃，生于1864年8月19日，他娶了纳内特·盖尼亚。

这些大家庭分成一些"支系"，每个支系都有绰号，以便区别。有的叫莫吉，有的叫拉莫内，等等。我们的支系叫作归归。

弗朗索瓦-萨克维埃充满活力，至少我们可以这样说。他的老婆纳内特·盖尼亚非常勇敢或者说非常执着！他们有13个孩子——在离婚之前。我想我知道那个地区为什么慢慢地变穷了，生存手段大大减弱，资源的缺乏再也养不活多子女的家庭。

　　孩提时代，当我居住在毗邻莫韦里埃的索耶尔时，我有时会替母亲去采桑椹，母亲把它做成令人难忘的果酱，是整个地区最好吃的，这是理所当然的。我沿着林中小路，穿过树林，走上几个小时，那些"好地方"我以为只有我一个人知道，根本没想到一百多年前，这个高地上有许多家庭在漫长的岁月中遭遇无数悲剧。

　　许多年后，我才明白，我相信自己看到或者说猜到，那个农民，也就是我的祖先，日落之时，用他朴实而真诚的语言，在田里向他的儿子们描述这个地方的大美，一边讲一边努力让自己也相信。几百年来，这地方目睹了多少代人的出生、劳作和死亡。这些，我是后来才明白的，我对这块贫瘠的土地从无怨言，只有喜爱。虽然在这块凶险的土地上，战争、饥荒、入侵，种种苦难吞噬了那么多家庭！是的，这块贫瘠的土地，每次暴风雨过后都在呻吟，尽管农民们不断地关心它、爱护它，长时间地为它耕作，它仍那么任性，那么随心所欲。它是怎么回报这些关心关爱的呢？它甚至养不活那里的人！不仅如此，它还制造了一些灾难：马病了，犁坏了，强迫服役，战争期间没收村民的财产，麦子烂在田里，孩子生病，或者是小牛病了，不得不把它宰了，抵押率提高了，高利贷者每个月底都在催缴利息，等等。

　　歉收、灾难、太多的人要养活，几年中，弗朗索瓦-萨克维埃失去了一切。他的农庄、他的农具、他的土地全都被拍卖了，他的有产者头衔也如此。我们可以推测，奶奶纳内特失去了理智，使尽全力回到了库鲁克斯的娘家，投靠自己的父母。

初雪之前，秋日一个阳光明媚的日子，弗朗索瓦-萨克维埃这个曾经富有的农民，不得不像他之前的许多同乡一样，忍痛割爱，离开自己的家乡。他伤心得甚至说不出话来，跟在一辆破旧的马车和排成队的孩子们后面，朝城里走去。马车上堆着溃逃之前最后抢救出来的一些衣物和工具，他知道，再也回不到自己长大的故乡了。事实上也确实如此，他没有再回去过，死在了异乡。

他把一大群孩子安顿在德雷蒙一间破旧的房屋里，那个贫民区位于所谓的"土耳其"区，是工业化初期建的。年龄大的孩子必须照料年纪小的。至于弗朗索瓦-萨克维埃，他成了制造马车的人，当了铁匠，因为他喜欢马匹，会修各种各样的马车。可在城里，这个行当已经过时，于是他惨遭失业。后来，他到工厂去当工人，"雷隆代"是20世纪初当地唯一的工厂，他带着年龄大的几个儿子，每周六天，下工厂的铁矿。在那里，我父亲遇到了堂兄雷翁-约瑟夫，许多年后，约瑟夫成了我最好的朋友之一，给我提供了宝贵的帮助，让我发现了我们在法国居住的真正历史。这一点我们以后再说。

为了养活自己和仍然年幼的孩子们，几个月后，父亲搬到了舒瓦德，那个村庄也许是整个汝拉山区最丑陋的，只有一条小路，两边堆满长短不一的黑色大管子，好像今天还在等着更换全瑞士的阴沟管道。那是整个赫尔维蒂地区最让人压抑的村庄。以前，我曾有个朋友居住在那里，他父亲是铸铁厂的一个管理人员。这个朋友叫弗里茨·普罗比斯特，小提琴拉得相当好，可以与大卫·奥伊斯特拉赫[①]一比高下，可我从来不知道也不明白他的灵感是从哪里来的。也许来自当地的忧伤。但不管我说什么，还是有人喜欢这样的地方。

几代汝拉人在这穷山恶水的地方丢了性命，他们的肺被铁粉尘、香烟和酒精蚕食了。今天，尽管这家工厂大大缩小了生产规模，但如果可以的话，这个村庄能不去还是不去了吧，因为要兜一个大圈。那地方卡在群山之中。一到了那里，就快到附近的库兰德林村，能重新见到贝尔维平原的阳光了。在舒瓦德，阳光似乎永远照不到谷底，甚至连流经那里的比尔斯河，大雨之后似乎也匆匆成了一条激流。

我父亲保尔1903年9月14日生于德雷蒙，1944年10月1日在弗朗什–孔岱的小村庄马尔韦斯被暗杀。

接二连三的危机，歉收又引起种种不幸，我爷爷的孩子们便四分五裂，有的投奔叔叔和婶婶，有的被"安排"到农民家或是讲德语的瑞士人家里，以便生存下去。人们当时好像就是这样学会谋生的。也许是给自己找的一个借口，以自我安慰。因为，哪怕年龄很小，也得自己养活自己。"谋生"这种说法很怪异，因为它有时给人以完全相反的印象：这样下去会

---

① 大卫·奥伊斯特拉赫（1908—1974），犹太裔苏联小提琴家。

丢掉性命。父母没有办法满足众多子女的各种需求。有时，年龄大的孩子，已经结婚的，要照顾年龄小的，负责他们吃住一段时间。严格来说，只要农庄还没卖掉，还掌握在老大手中，他就可以接过去，继续经营，以保证他本人和他成立的新家庭的生活需要。但失去一切，就意味着必须低着头，不光彩地离乡背井，抛弃剩下的那点财产，试图到别的地方重新开始新的生活，根本看不到这长期贫困的隧道何处是尽头。于是只剩下工厂或矿场，抑或是试图学会乡下常见的小行当：流动货摊、磨刀、卜测地下水源、修鞋以及现在已经消失的许多行业。所以，男人们往往都在当地的矿井或铸铁厂度过一生，或者是远走他乡，流亡国外，到另一片天空下生活，再也回不了家。对许多欧洲人来说，这是大移民的时期，不仅仅是对爱尔兰人和意大利人来说。这些移民就是这样在世界各地建立了群落，有的还相当大，而且往往都很成功。

你们怎么不问问我，我为什么喜欢这个村庄，它连自己最优秀的孩子都留不住，养不活？为什么我从中只看到诗意而忘了贫穷？当我得知祖父母及其孩子们的悲剧之后，我也经常这样问自己。也许是过去的贫穷已不再出现，似乎已经远去，甚至连村里年龄最大的人都不再提起，他们已经忘了先人的痛苦。今天，这些村庄繁荣昌盛，农场干干净净，打理得井井有条，阳台上鲜花盛开，就像瑞士的德语地区一样，柏油马路，有时还铺着路石，现代化的公共大楼，四通八达的交通，城里人纷纷前来，凡此种种，也许很快就让人忘了那些家庭的悲剧，而且，悲剧没有重演，现代生活已经淹没了一切。

弗朗索瓦-萨克维埃没有长期沉沦在痛苦之中，他属于那种永远不会投降的人，知道如何重新抓住机会，反败为胜。他成功地适应了城里的新环境，况且他也没有别的选择。这是他自己跟孩子们和周围人说的。那时，他每天赚一个半法郎，这比在农庄里赚得多，也许可以供他勉强过日子了，而且还让他还清了债。孩子们也渐渐长大，可以帮助干活了，其中几个甚至开始上学。

我不认识我爷爷，因为他1925年9月就去世了，但我对奶奶还有模糊的记忆，她是1940年1月离开人间的。如果我没记错的话，我觉得自己至少见过她一面。那是我们离开瑞士去法国那天。是的，我们也去了法国。

4. 德雷蒙及其有产者

　　这是瑞士最新一个地区的首府，这个地区是1978年9月24日通过瑞士全国普选成立的。德雷蒙位于三条河流的交汇处。比尔斯河是一条规模中等的河，在那儿悄悄地与从台尔比山谷流下来的小舍尔特河及其姐妹河索尔纳河汇合，后者发源于日内韦的村庄附近，从贝尔莱下方流过，经过著名的修道院，在凶险的皮舒里山隘飞泻而下，然后懒洋洋地在平原上流淌，因为从安德韦里埃村到德雷蒙之间的几公里地势较低。比尔斯河在东北40公里处，沿途不断汇入小小的激流，但在巴塞尔也被莱茵河兼并了。巴塞尔是瑞士的大门。汝拉山区的所有这些河流都奔腾到北海，除了法国的杜伯河，它给了我们一个小小的弯道，可这多么富有诗意啊！它一直来到圣于桑，然而从阿莱纳（它在瑞士的土地上不多）继续在法国的领土上流淌，一直流到罗讷河，最后注入地中海。不完全是分水处，但可以说差不多，因为这些河流彼此发源的地方都不远，一些流到雾气蒙蒙的北海，另一些注入蓝色的地中海。

　　城里的东北出口，高高的岩壁俯瞰着比尔斯河。顶上以前有两个坚固的小堡垒——沃堡。现在只剩下同名的小教堂了，是教皇雷翁九世1049年祝圣的，一直是汝拉山区朝圣者最多的地方。

在两个城堡的废墟里，只剩下一个主塔，是最近才修复的。历史告诉我们，这两个鹰巢是1400年前勃艮第人建造的。远在这之前，恺撒迫使阿尔河边的高卢人，即汝拉人的祖先，以及他们的盟军赫尔维蒂人回到老家，正如我前面提到过的那样，在那里重建他们的村庄。在这之后，罗马人占领了这个地区，那里现在还留有许多他们经过的痕迹，尤其是在维克斯和库鲁以及比尔斯河河谷。根据中世纪初的习惯，城市应有坚固的围墙，周围有许多塔，但今天都不见了。古城是方形的，有许多16世纪的漂亮喷泉。

德雷蒙的诞生可以追溯到大约两千年前，历史上曾经历过大规模的入侵和各种变迁。关于这个名字的来源，历史学家有不同的意见。有人认为它来自拉丁文，有人认为来自泰尔斯伯格家族，这是沃布尔统治者的日耳曼名字。这个家族可能把自己的德语名字给了这个城市，所以就有了"德尔斯布尔"，用法语讲就是"德雷蒙"。

城里现在有1.3万左右居民，18世纪的时候只有900来人，20世纪50年代末我离开这个地区的时候差不多有6000人。工业化时代初期，它的人口增长迅速，直到20世纪70年代才稳定下来。中世纪初，这座城市属于阿尔萨斯的费莱特公爵，后来被卖给了巴塞尔的大主教。古城几乎什么都没有剩下，因为1487年的大火，只有教堂和几所房屋幸免。

德雷蒙街景

当时，这个地区全都覆盖着茂密的森林。但大公鼓励砍伐，以增加收入。这样，有产者才到了雷莫的山中，抢起斧头，大肆砍伐，就像海盗一样，但目的不同。通过这种方式，他们成了地主，可以世代传承，直到今天。汝拉山区的森林阴森茂密，野兽出没，有狼、野猪、熊和猞猁。

但并不是想成为有产者就可以成为有产者的。要得到这一荣誉，首先必须是天主教徒，并且要出价：5里弗尔①的巴塞尔币；还有别的东西，其中包括16坛酒，真正的酒，而不是今天的酒。其他人，普通百姓，第三等级的公民，则没有任何权利。对他们来说，抢起斧头砍一辈子树也没有用，他们被限制居住在某些地区，事先不交税甚至都不能离开城市，税率相当于财产的5%。领导城市的，当然是得到大公许多免税权的有产者。他们首先要注意保持当时的良好风俗。城里的档案让我们得知，想娶带有孩子的寡妇的人，或者"更糟"，想娶有巫婆嫌疑的人，将一律被赶出城市。德雷蒙人也没有权利娶外国女人。至于穷人，他们必须在帽子上缝上标志。我们将看到，这种办法后来在别的地方也使用，造成了众所周知的悲剧。尽管如此，主教大部分都是慈祥温和的统治者，但有时也满脑子独裁思想。如果可以，我想说，最好的统治是让梦想者能够梦想。我们也知道，懒惰与酗酒是国家的两大伤口。老城里到处都是小酒馆、烧酒零售店、小咖啡馆、夜总会，就像前面说过的那些乡村一样。

---

① 当时的货币名称。

尽管如此，人们在小镇里还是生活得挺好。没有人饿死，但村民们也躲不过当时的命运：战争、入侵、瘟疫和有时突然出现的饥馑，就像其他地方一样。

这些勇敢的有产者虽然迷信，却并非文盲。校长有时身兼多职，既是教师，又是公证人，甚至还是旅馆老板。他们教村民们基督教义、单旋律的圣歌、计算和写字。但要接受高等教育（当时得去波朗特吕的学院里去读），那得投胎到有钱人家里。至于这一"美好的旧日时光"里的妇女，她们要抱怨的东西就多了，除了命中注定要做各种没有回报的苦活脏活，她们往往都与世隔绝。有时，她们试图逃脱这个魔鬼出没的地域！不过，在德雷蒙，被烧死的巫婆似乎比大主教的其他市镇少，比如说，新城。

法国大革命的思想很快就波及当时正摇摇欲坠的主教辖区。最后一任主教大公约瑟夫·德罗根巴赫是另一个时代的人，他的手表晚了一个世纪。他没有军队，没有重要的资源，由于附近强人的帮助，他才能维持自己的管辖。所以，法国大革命前夕，他求助于奥地利，后者派800个士兵前来保护他小小的王国和他本人。他是卢梭思想的首批牺牲品之一，被新黄金时期①带来的希望所蒙蔽。德雷蒙人兴高采烈地欢迎法国士兵，士兵们把他们从暴君手中解放了出来，至少他们是这样认为的。但是，他们很快就开始失望了：法国人也带来了断

---

① 指法国大革命时期。当时，法国派兵前往汝拉地区征服地方势力，土豪们被迫背井离乡。

头台。清算、征兵、限制自由，这些很快就让村民们明白自己错了。他们刚刚用自己的领主换来了人类社会中最坏的东西：独裁。短裤党人到处都在消灭旧制度的痕迹，连漂亮的教堂和教堂里的杰作都不放过。1792年，共和国诞生了，人们给它取了一个名字——还有什么比这更正常呢？——罗拉西共和国，第二年，它就被法国兼并，改名为恶山省（这个名字也许来自方言）。

后来，法国的这个新省迎来了波拿巴。在很短的时间内，一切都改变了：权力分离，统一，分配土地，划分小地产。人们好像已经看见一个能扫除所有不平的全能天才，随着他的到来，汝拉人又成了罗拉西人，成了粗鲁、天真的新共和党人，幸福已在门口。可惜，这些新法国人和未来的瑞士人，永远都那么天真，但他们很快就意识到，这个法国新主人不久就会加冕为皇帝，随之带来无穷的战争，夺走当地许多年轻人的生命，就像在法国和众多被其征服的地方一样。辉煌过后是失望。美梦结束了，追捕拒服兵役的人，所有能持枪和行走的人都被迫参战，从西班牙边界一直到俄罗斯边缘，大部分人都被杀死或伤残，许多人藏匿在森林中。

鹰派灭亡后，同盟国于1815年3月25日通过《维也纳条约》满足了伯尔尼的要求，法国人的出现，也让后者深受其害。同盟国托着银盘，把名叫巴塞尔古教区的地方拱手送给它，以弥补伯尔尼这个"贫穷的城市"失去了沃德和阿尔戈维地区。这一决定，并没有征求原罗拉西人的意见。当然，随着工业化的到来、商业的发展和钟表业的诞生，汝拉人经历了自由时期，甚至是繁荣时期，但他们一直处于外国强权的统治之下，而且是另一种语言的强权。所以，他们不断地要求独立。首先是瑞士人，而不是伯尔尼人。在这方面，伯尔尼人要再等150多年，他们的国家也四分五裂，只有天主教地区可以组成新的地区。①

---

① 阿尔蒂尔·多库尔：《德雷蒙城市的历史》，波朗特吕，波朗特吕出版社，1900。

5. 幸运相遇

　　我父亲还是个孩子的时候，就像他的许多同伴一样，到山谷的铁矿里干活。当时，雷隆代这家企业还很关心工人，人们是这样说的，但这并不意味着他们不招收童工，不发生事故。矿工下井作业的长梯对孩子来说横隔距离太大。在那个年头，有许多孩子掉下去摔死。后来，禁止10岁以下的孩子下井劳动，但这是以后，相当以后的事了。20世纪30年代之后，工人的劳动条件才得到改善。有的矿井后来关闭了，因为没有效益。工人们被转移到铸铁厂，厂方给他们提供过得去的条件，并部分考虑他们越来越强烈地要求获得的权利，但人们那时还远远没有意识到铁粉尘会对肺造成的严重后果。

　　我父亲是个身体结实的年轻人，干活卖力，受人尊敬。20岁的时候，他就完成了在瑞士军队中的首次义务兵役，就像他的先人一样，他的五个儿子当中的四个以后也将如此。他充满荣誉感，守纪律，瑞士军人几百年来的那种自豪，在他身上体现得特别突出。但他像家中的许多成员一样，脾气火爆，有时咄咄逼人，随时准备动手。他像他父亲一样，谁都不怕，为了捍卫自己的观点，会毫不犹豫地投入论争。那个时代"需要这样"，这至少是人们的一个借口。那时，社会上没有弱者的位置。只有斗争才能生存，才能让别人听到你的声音，但又绝对不能犯法。这并不永远是件容易的事。

我父亲保尔

村里举办庆典时，保尔喜欢跳舞。我也如此，但比不上我的哥哥米歇尔。我父亲当年是个英俊的小伙子，常常迷住漂亮的村姑。我母亲泰莱丝·施密特也喜欢跳舞，我记得很清楚，但那是很久以后的事了，她已经80岁，我在舞池中还跟不上她。如果说我父亲步伐傲慢，我母亲则目光灵动，总是笑容满面。在那个时期，她总是很乐观。跳舞和骑自行车散心是他们最喜欢的消遣，他们尽情享受，陶醉其中。但那个时候，自由的时间仅限于星期天下午和节假日。一周里的其他时间，他们得干活，星期天上午要望弥撒。在那个天主教色彩很浓的地区，不参加星期天的宗教礼拜是一件很不得体的事情，甚至会被雇主、周围的人和整个社交圈子里的人所侧目。缺席天主教日课会受到别人的指责，基督教义要求孩子们定期去忏悔、参加弥撒和祷告，提防新教。新教徒抛弃圣母雕塑和圣母像，所以被判永被火烧，尽管如此，还是应该努力拯救他们，这是每个天主教徒的职责。在某些天主教乡村里，人们避免与新教徒接触，神甫邀请基督信徒为他们祈祷。犹太人就不同了，他们处死了基督，所以要负全部责任。我们对他们毫无办法，除了饶恕他们，避开他们！当时的某些反动神甫和村里的几个老脑筋就是这样教大家的。

6. 沃堡

乡镇之间的界线，也许是很久以前划的，划分的方式很奇怪，很惊人，现在还让我们觉得是在梦中。沿着比尔斯河从德雷蒙过来，拐过小路，便能在岩石顶部看见沃堡，那是一个朝圣胜地，在汝拉山区无人不知。它位于德雷蒙的土地上，而在河对面，两百来米的地方，就是库鲁村的地盘。再远一点的地方，是离索耶尔庄"一石之距"的同名城堡。奇怪的是，这个俯瞰索耶尔村的城堡，却位于库鲁村的地盘。这一点必须知道，因为这在地理和历史上都太不符合逻辑了，好像人们曾想把索耶尔窒息在这块盆地上。

正如我前面提到的那样，沃堡以前有两个城堡，一个在激流边缘，另一个在它一百来米高的地方，几乎可以说是一个骑着另一个。稍微靠东边一点，堡垒的四周有一些房子，组成了沃堡这个村庄。12世纪的时候，由于鼠疫造成的破坏，这个村已完全消失，只剩下一个农庄，同时也兼当饭店或客栈。至于现在沿着河流和铁路、从德雷蒙到巴塞尔的道路，相对比较新。以前，它曾从两个城堡和沃堡村之间穿过，但城堡的主人们并不想沿河修建一条更好行走的道路，因为他们要收取过路

沃堡 (16世纪蚀版画)

费。有个日子要记住：1356年10月18日。一场大地震摧毁了巴塞尔城以及这个地区的许多村庄和城堡，沃堡和索耶尔也未能幸免。虽然宗教改革、盗抢和各种腐败堕落也波及了这个教堂，它今天仍然是一个重要的宗教圣地和遗产，朝圣者和散步者不断。

随着时间的推移，沃堡的这些城堡主成了真正的强盗，非法监禁游客，拦路抢劫。德雷蒙的有产者向纳沙泰尔伯爵投诉这种恶行。纳沙泰尔伯爵是个势力强大的领主，而且常常跟采邑主教发生冲突，因为主教们不采取任何措施来防止这类盗抢。所以，为了维护自己的利益，公爵凭着自己的勇敢，在德雷蒙一些有产者的帮助下，半夜带着人爬上城堡，征服了充当强盗的城堡主。正义很快就得到了伸张：人们吊死了城堡主，又一把火烧了城堡。

中世纪的时候，乡绅们有时会为了一些小事而开战，要求夺回某某村庄，想征服某人，因为觉得自己比别人强大，或者家族比人家古老。当然，邻居之间也常常因为很无聊的原因而大打出手，他们没有别的目的，只是想通过获得新的土地或抢劫来增加自己的财富。根据乡绅们的心情或者好恶，一下子联合，一下子反目。城里的有产者有时与其他城市的人联合，有时与乡绅联合。至于老百姓和穷人，他们只有沉默的份，卖命干活，毫无希望改变自己的命运。因为他们知道，柴薪或斧头离他们不远。以身作则，对臣民善良、仁慈和友好的乡绅少之又少，寥寥几个堪当典范的乡绅被当作是圣人。当时，各种灾难频繁：战争、疾病、自然灾害。小老百姓都以为是自己的罪孽引起了上帝的愤怒。

这就是沃堡的大小故事，它一直处于沃堡圣母院的保护之下。

现在的沃堡 (作者摄于2009年)

****

我们是不是扯得离泰莱丝和保尔的爱情故事太远了？

总之，这两个年轻人在沃堡这个美丽的地方结婚了，应该是明媒正娶，神甫少不了提醒说，无论过去还是现在，贫穷还是富贵，健康还是疾病，两人都要永远在一起。那是在1931年8月28日。婚后他们一起生活了13年，直到我父亲1944年10月1日被暗杀。我父母结婚时，母亲26岁，父亲28岁，这

47

在当时来说已经算晚了。另一方面，我祖母好像不同意这桩婚事，她和家中的其他成员没有参加这个简朴的婚礼。直到今天我也不知道缘由。

神甫说"好也罢，坏也罢"，可惜，结果很不好。

＊＊＊＊

我的曾外祖母叫安娜-玛丽·多尔，1857年12月14日生于阿尔萨斯的路特尔，父母为贝纳尔·多尔和弗朗索瓦·布兰德，都是19世纪30年代初出生的。她嫁给了昂韦里埃的一个有产者弗朗索瓦-约瑟夫·弗勒里，昂韦里埃是一个小村庄，隶属于瓦尔泰尔比的韦尔姆区。于是他们两便成了我的曾外祖父母。我母亲那边的先辈（我的曾曾外祖父母）是法国人，但是德国国籍，因为他们是普鲁士人。普鲁士人占领了阿尔萨斯和洛林，跟老歌里唱的"你们得不到阿尔萨斯和洛林"完全相反，这是某场战争的结果，1879年的战争。那是一场多么可怕、可憎的战争啊！不过所有的战争都一样。对拿破仑军队来说也是一种耻辱，它从此一蹶不振。

这场联姻，于1876年12月10日诞生了我的外婆玛丽-玛德莱娜，她是长女。我的曾外祖父母有17个孩子。玛丽嫁给了亨利·约瑟夫·施密特，1961年3月28日去世，终年85岁，在我前往加拿大的三年之后。她一生辛劳，生了13个孩子，埋葬了三任丈夫。这些我后面再说，因为在我的记忆中，她是个出色的女人。

　　至于我母亲，她也出生在库鲁村，生于1905年2月5日，2000年6月13日在纳夫维尔去世，终年95岁4个月。她跟我外婆很不一样，在漫长的人生中经受了严峻的考验，但总是勇敢面对，非常乐观。

　　所以，在泰莱丝和保尔的孩子们的血液中有法国的血统，准确地说是阿尔萨斯血统。不过很少！但我还是对我的法国朋友说，即使有更多的法国成分，这也不是一个污点！过去

施密特家族的徽标（我的母系家族）

入侵日耳曼的这些民族，高尔人、赫尔维蒂人、西班牙人甚至
北非人，他们通婚之后诞生了高卢人，那是日耳曼人甚至是塞
尔特人（包括祖先为汝拉人的部分赫尔维蒂人和罗拉西人）的
表兄。至于赫尔维蒂人，他们属于塞尔特大家庭。瑞士人也是
日耳曼人、勃艮第人、隆巴塞尔人和阿拉芒人的后裔。所有这
些混血或通婚，可以使我们明确无误地肯定，欧洲战争其实是
同室操戈的战争，拿维克多·雨果的话来说，"欧洲人之间的
战争是一场内战"。

　　我的外祖父母出生的韦尔姆小村和昂韦里埃小山寨跟莫
韦里埃一样闭塞，甚至有点游离于所谓的瓦尔泰尔比山谷，我
们到索勒尔附近地区必须经过这个山谷。从古罗马的旧殖民地
维克斯（库鲁村旁边的村庄）有一条辅道通往那里。韦尔姆
藏在一个很小的山谷底部，昂韦里埃山谷。"在这孤独的山
野，万籁寂静，只有河水在永远滴答作响。"[1]

　　德雷蒙、库鲁村和库兰德林以及贝尔维小平原构成了一
个三角形。瓦尔泰尔比就始于这块河流纵横的地方。以前，德
雷蒙人把这个地区叫做"圣地"，当地人一点都不喜欢这个名
字，因为它跟"落后地区"同义。山谷的上方是舒瓦兹布本
兰，覆盖着森林，使此处封闭而隐秘，至少在通长途汽车之前
是这样。

---

[1] 欧内斯特·埃里斯曼：《德雷蒙与昂韦里埃山谷》，纳沙泰尔，温泉出
版社，1958。

父母结婚后定居在索耶尔村，我就是在那里出生的。他们在那里租了（往巴塞尔方向）左边的最后一座房子，几乎就在城堡脚下。这栋屋子上一直没有纪念牌，这让我感到很伤心！

7. 索耶尔

几百年来，索耶尔几乎没有丝毫的变化。不过，几年前，人们让河流和道路改道了，汽车不再需要穿过这个古老村庄，有时难免会碰到古建筑的墙壁，其中有个角落正危险地突出到路边。不过，村庄一直在那里。人们砍伐了几座丘陵的树木，让城里人在那里建造新的住宅。我怎么也想不到有一天，我的农村老家能产葡萄酒。不过，我想你们要在魁北克的酒类专卖店或街角杂货店里找到"莱塞尔"和"比尔斯河穆斯卡"可不容易。

1102年，人们第一次提到这个村庄的名字，其来源无疑是汝拉山区的村庄中最复杂的。最先，人们用乌达里克·德索耶尔伯爵的名字来命名它，后来有各种变体，直到1393年。最后，这个名字又变成索耶尔，之后便定了下来。

几个世纪前，几百年前，村民的人数……500人左右吧，20世纪初期也如此。差不多同一回事，之后就没什么改变。应该说，这个深锁在山坳里的村庄无法向外，尽管它离德雷蒙城并不远，而且德雷蒙城和库鲁村的地界是随意划分的，所以差点窒息了它。

　　历史的种种悲剧并没有让这个小村幸免。30年战争[①]期间，瑞典人屠杀了一部分村民。是的，那些海盗的后代一直来到了周边地区。当时，鼠疫致使村民们成批死去，在整个地区都造成了破坏。后来，又发生了法国革命，来了皇帝的军队。虽说他们消灭了社会阶级，带来了某些正义，但他们也进行了一些屠杀。况且，征兵让这个被拿破仑征服的地区死了许多年轻人。

1750年前后的索耶尔村

---

① 30年战争（1618年—1648年），是由神圣罗马帝国的内战演变而成的全欧洲战争。

上里德斯是比尔斯河边的一个小山村，离索耶尔只有一公里左右，1856年被归并到索耶尔，而下里斯德则归并到里斯贝尔格。里斯贝尔格是沿河而上所遇到的第一个讲德语的村庄。在这两个村庄之间，有一道真正的屏障，无形但难以穿越的屏障：互不理解而且往往互相提防。不过，双方倒是很宽容，互相尊重，它们之间没有什么社会联系，尽管历史相同，信同样的宗教。至少，我年轻的时候是这样认为的。其实，这不过是一道语言屏障，但泾渭分明。

河的另一边，在一座山岩的岬角，矗立着一座城堡，至少还留下点残余。20世纪50年代，它好像真的要被抛弃了。不过，大家接下去将看到，事实并非如此。年轻时，这座城堡在我看来一点都不好玩，那时我还太小，没有注意到它，不懂得它全部的美、它的秘密和有些悲剧性的历史，但它对我的一生至关重要。

我父亲决定在索耶尔住下来，因为拿主意的是他。我母亲跟随着他，没有反对。我就出生在那里，跟我的两个哥哥雷蒙和米歇尔一样，出生在城堡脚下。我们三个都是在沃堡的教堂受洗的。我母亲一共生了五个儿子，但一个女儿都没有，她感到很伤心和失望。老大雷蒙是"苦瓜脸"，一辈子生活在母亲的怀抱中，但后来决定参加外国军团，为法国作战，先是在东南亚待了5年，后来，由于时间还不够，又在阿尔及利亚待了两年。他离家的时候才17岁，那一幕还历历在目，仿佛就在昨天，在德雷蒙的火车站台上，我试图让他打消这个疯狂的念头。回来后，他的心理发生了混乱，影响到他的生活。这是一个善良的人，不过这段经历让这个现代雇佣兵对第三世界人民产生了一些让最彻底的法国极端民族主义者都会不寒而栗的想法。雷蒙孤独地死于2011年4月，就像他曾孤独地活着。

老二米歇尔，外号"舞王"，比我早生了11个月。"我们可以说是双胞胎。"他常常这样对我说。除了某些区别。米歇尔的爱情生活如果不能说极其紧张，至少也可以说非常动荡。他的情感生活可以写一本300页的情色小说。他心地善良，但有时显得十分暴力，必要时，总是诉诸拳头来强调自己的观点。他到今天还是这样，如果他觉得自己是对的，别人没有照他的意见办，他立即就会火气冲天。这一点跟我父母一样。不管是在学校里还是后来在舞池中，他都这样。他的语言和行动说来就来，本来充满笑意的目光会顿时变得十分犀利，咄咄逼人。不过，他是个很真诚的人，坦率，怎么想就怎么说，但这并不总是对他有好处。

至于我，可怜的小弟，我排行老三，好像是出了意外才有了我。更糟的是，我母亲做梦都想要个闺女，可还是生下我这个男孩。她失望极了，说要把我扔到河里淹死，就像人们淹死多余的小猫一样，她常常这样补充说。长期以来，我一直相信这是真的，因为她老是这样唠叨。但事实上，这只是说笑而已。总之，她从来没有伤害过什么人，甚至没有伤害过猫……除了把它们煮了吃。和我的两个哥哥相反，我一直讨厌各种形式的暴力。这一点，在已经遥远的过去，是被人当作弱点的。要说明一点，我有时也动拳头，热血沸腾，但我很快就意识到，这是一种懦弱甚至是恐惧的表现。我改过来了，谢天谢地。我一直以来都厌恶各类暴行及其必然后果——偏执。

＊＊＊＊

1929年开始的世界经济大危机在1935到1936年的瑞士达到了高峰。瑞士的出口额降低了60％以上，汝拉山区的钟表厂纷纷关门，辞退了大部分职工甚至宣布破产。尽管受到的影响比别的国家小，瑞士还是遭到了当头一棒。雪上加霜的是，政局也开始不稳定。在意大利和德国的示范作用下，瑞士甚至出现了一些拥护法西斯的运动。幸运的是，讲德语的人都表示要团结一致，消灭所有不良的党派，于是人们对这些不同的运动说"不"。某种共同战线立即就建立了起来，团结了各种力量，共同抵制强大的邻国越来越让人不安的阴谋。瑞士人确实置自由和中立于一切之上，我们可以批评他们的这种态度，但就是这种自由思想让他们摆脱了战争的恐怖，许多反对法西斯制度的人在瑞士找到了避难所。

在这个混乱动荡的时期生这么多孩子真是疯了！难道他们麻木到了这种程度吗？而且，几年后，战争最激烈的时候，我父母生孩子生得更勤，又添加了两个男孩："沉默者"达尼埃尔和"滑稽鬼"安德烈。这两个孩子将永远成为法国人或半个瑞士人，因为他们生来就是高卢人。这是一个极其悲惨的时期，失业率高，物资匮乏。这并不是最后一次证明我父母如此缺乏远见。当然，不能恨他们，当时没有避孕措施！而且，那个时候，交流不像现在这样方便，远远不如。父亲想摆脱贫困的状况，让全家人活得体体面面的。我们怎么能责怪他呢？这样携家带口远走他乡，是需要巨大的勇气和强大的意志的，要随时准备做出各种牺牲。

地方政府和联邦政府也看到了灾难来临，他们没有坐以待毙，而是组织许多被解雇的工人修建道路、桥梁，有时桥梁是白修的，半当中停在了河上（对面并没有道路），在整个瑞士联邦境内修建了如今尚在的数千个军事工程。这种政治上的远见让许多失业者有了基本的生活保障，特别是保持了自己的尊严。但他们的工作条件很不稳定，工资相当低，不能保证有光明的未来。后来，土地又在召唤着人们。父亲还惦记家里的农田，梦想恢复那种生活，尽管需要艰苦劳动，但他并不怕，只要能保证家里天天有粮食，而且，这还能离开工厂的粉尘。于是，他开始考虑，是否能在当地租甚至买些农田。但汝拉山区的小块土地是不租的，更不用说卖。父亲一无所有，只好到别的地方去看看。

****

让我们稍微谈谈当时的政治吧！德国毫无障碍地兼并奥地利，英国和法国没有采取行动，1933年，希特勒掌权，要求得到捷克斯洛伐克的一部分领土，因为那里生活着许多叫作苏戴特人的德国人。英法两国不想爆发战争，它们并没有看到风暴欲来。这两个盟国劝布拉格接受德国的耻辱条件。但希特勒还想得到更多，他还有许多别的目的，尤其是对波兰。法国总

57

理埃杜阿尔·达拉迪埃和英国首相纽维尔·张伯伦想平息事态，在墨索里尼的协助下，在希特勒家里见了他，回来时，胳膊底下自豪地夹着一份由希特勒签署的条约，但那个大独裁者很快就把它踩在脚下。这份想挽救时局的会谈条约就是大家知道的《慕尼黑条约》。

各民族都迅速武装起来，法国的动作比别的国家都慢，其军队由第一次世界大战的将军们指挥，他们以其马其诺防线为荣。在这期间，德国人装备了现代化武器，并且在西班牙战争中已做过十分有效的实验。瑞士宣布中立，却在道路上埋满了地雷，所有的山谷里都修建了军事工程，还在阿尔卑斯山区搞了"国内堡垒"，一个真正的地下城。严阵以待。拥有差不多50万人的军队（其中包括我父亲）在24小时当中就动员了起来。"不能旁观"，这一命令深入到所有人的思想中和头脑中，在墙上树上张贴得到处都是。

当时，我父亲做了人生中最糟糕的决定。在自己位于汝拉山区家乡的土地上没有自己的位置？没关系。他知道法国招了很多兵，法国的农村已经缺乏男人，可土地必须继续耕种，以养活大家。人们在寻找农业劳动者、雇农，来取代已经参军的农民。父亲抓住了这个机会，在弗朗什-孔岱地区一个叫马韦里斯的小村庄里租了一个农场，离杜伯尔的伊斯勒小城只有12公里。那是1939年夏天，保尔并没有看到大灾难正在到来，我们今天看来很不可思议。

1939年夏，我们去了法国，这是我最初的记忆。当时我才4岁。几个月前，我父母扔下了巴塞尔道路旁的祖屋，在毗邻锯木厂的一栋小屋里安顿下来。带叶片的大轮子在梅当贝尔河水的冲刷下慢慢地转动，好多年后，这条河给村庄造成了巨大的破坏。河流被制服后，在这个地方改了道，成了一条大灌溉渠，其主人瓦尔蒂先生不得不老是修补。傍晚，不知疲倦的看闸人要爬上一百来米高的地方关上闸门，让河水自由流淌，直到第二天早上。

那天，村里的孩子们都站在通往锯木厂上方牧场的小路上，在我们后面大声叫嚷着。我忘了他们在叫喊什么，但我想我明白，看到我们逃离村庄，他们感到很高兴，但也有可能他们是在祝我们"一路顺风"。至于我，我很高兴进行这一长途旅行，并且为父亲感到自豪，他会把我们带得很远很远，带到一个很大的地方，他知道他能战胜各种危险。别的小孩就无法这么说，他们不得不待在村里。活该他们倒霉。我有个全村最勇敢的父亲。

说起勇敢，他确实名副其实。而且，他跟我母亲一样，都非常勤劳和果断。那好，再见了，瑞士！我们来了，法国！

我的故乡，

是我从未到过的地方。

——作者

第二章

黄香李花开的季节

1. 移民法国

移民去法国……1939年，20世纪第二次大灾难爆发前的几个星期。我们离开了几个世纪来一直作为和平港的瑞士，来到了法国这块"温柔"的土地上，多少年来，它一直深受战争的蹂躏。我今天隐约觉得，所有的人都知道这一点……除了我的父母。

在很多年里，我都觉得，这次移民就像是一次长途旅行。我们真的走了很远很远。然而，就直线距离而言，离瑞士边界只不过50来公里。不过，当时路上要走好几个小时，现在依然如此。可以说，从瑞士的汝拉山区到那里要整整一天，因为要穿过那么多小村庄和农舍，而且，乡间小路弯弯曲曲。那个小村庄当时只有100来人，跟中世纪时差不多，在地图上很难找得到。今天，好像还是那么多人口。

对我的家庭来说，又得在一个偏僻的小乡村生活好多年。

弗朗什-孔岱地区（人们有时就叫孔岱）的这个村庄，是个典型的"法国内陆"。这个地区到处都是平缓翠绿的山冈，大部分是农村，二战以来，人口不断减少。退休回乡、修建祖屋以安度晚年的人弥补了这一人口缺失。要去那里，只有一条弯弯曲曲的小路，路线是不知多少年前随乡村小道而定的。过去的许多小块农田如今都集中在人数比以前要少得多的农民手中，几十年前，年轻人就开始离开故土。马韦里斯人非常热情好客，但性格有点粗鲁，请原谅我这么说。外地人偶然来到他们的三条小马路上，他们就会趴在窗口看。

马韦里斯、索耶尔、韦尔姆、昂韦里埃、莫韦里埃和日蒙瓦尔这六个小村庄跟我家庭的故事紧紧地联系在一起。它们的共同特点是全都"游离"于一切之外，也许除了索耶尔，因为从德雷蒙到巴塞尔要经过那里。我父亲有本领找到偏僻的角落，因为马韦里斯是这些村庄中最偏远的。当时，也就是在战争期间，那里有家咖啡店、一家小杂货店、一座教堂，当然还有乡村小学，1941年，我在那里只上了两个星期的课，只能回忆起所有的学生每天早上都要高唱的歌："元首你来了，你是法国的救星……"当然是歌颂贝当将军的，他的照片挂在唯一一间课室的墙上。命运开了一个玩笑，战争一结束，这首歌就被禁止了！

村中还有十七、十八世纪的老房子，但让马韦里斯人感到骄傲的是"马韦里斯著名的黄香李"。据说，这种很甜的小水果来自中世纪，是十字军骑士带来的。除了黄香李，那个地方还盛产樱桃、梨子、苹果、李子和木瓜，别忘了还有道路两旁的荆棘丛中到处都可以看到的桑椹。居民们对这片慷慨的绿色大自然非常满意。20世纪50年代，这些果园属于20来个农民。现在只有一个主人，那就是我的朋友阿纳托尔·杜蓬。土

地也是这样。20来个农民现在只剩下他一个人，他收购了所有
的土地。

教堂一直在，由几个虔诚的信徒精心维护，尽管由于日
久天长，显得越来越破败。它有一个十分漂亮的门廊，一个古
典的大殿和一个哥特式祭坛。每个星期天，唯一的简朴大钟召
唤信徒们去做日课。随着时间的推移，日课改为每三个星期一
次。这是为了适应人们的需求，他们要利用这多出来的时间在
星期天上午喝开胃酒。今天，钟已经不敲，除非有葬礼或火
灾。教堂周围的墓地非常大，因为里面的坟墓很多，有的非常
古老，墓碑上的字往往都认不出来了。我父亲自从1944年就安
眠在那里了。

村子的中心矗立着一栋建筑，我小时候觉得非常高大。
那就是小学，也兼作村里的办公室。只有两层楼，所有的孩
子都在同一间教室里上学。楼上是校长的住处。现在，那栋
楼已经破败，被废弃了。再也没有学校，没有饭店，甚至连
杂货铺都没有了。当地有三口泉，有一口就在学校里，以前
没有洗衣机，那里便是大家洗涤的地方。洗衣妇们一边捶打
着衣物，一边开心地张家长、李家短："玛丽"走了，去了
哪里？为什么走？"吉约姆"卖给有钱人家了，也就是说卖给
商人了。但这也是朋友之间愉快地聊天、忘记生活的贫困和日
常烦恼的地方。

马韦里斯教堂，我父亲就安眠在那里的墓地中（作者摄）

　　村口一进来就是村里唯一的大街，至少有300米长，然后在村中分成两条小街，形成一个Y形，有点像莫韦里埃。西边的尽头是一条卵石小路，通往公共牧场和森林，我那时候觉得那座森林大极了。那已经是陌生之处，神秘的森林，遥远的乡村，与我同龄的孩子不能独自前往，否则会迷路；或者，谁知道呢，也许会被出没于阴森森的林中的怪兽吃掉。我当时相信那里有坏人，甚至有幽灵。岔道的左边通往日蒙瓦尔，那是马韦里斯的姐妹村，地势稍微比马韦里斯低一些。那个村太小了，村里的孩子不得不上来，到马韦里斯的学校上学；教徒也如此，星期天要到马韦里斯的教堂做弥撒。

在这两个相距一公里的村子之间，有座漂亮的小教堂，法国的农村里到处可见这种教堂。那是祈祷的地方，但也是古代残酷的入侵者制造悲剧的地方。二战期间进来的人也并没有显得更加人道，他们像野蛮人一样留下了血腥和残暴的痕迹。

村里唯一活跃的商铺是奶制品店。至于百货店，其实是一家杂货店，只有一小间，是一个农妇开的，每周只开几小时，在莱-杜布河畔利斯尔①的商人走了之后。村里没有面包店，因为家家户户都自己做面包、黄油、果酱和罐头。收割草料之后，便开始杀猪，深深地一刀刺进猪脖子，血顿时就涌了出来。我现在仿佛还看见可怜的猪在拼命挣扎，猪血四溅；听见它死命地嚎叫着。猪血香肠、猪油和肉肠挂在烟囱里面，男人们甚至留着猪的膀胱，晒干，用作装烟的软荷包。那里的人既不懂得溺爱，也不懂得温柔，大事不多，土地养活了当地人。

我们的家有两层，其实所有的农家都差不多。一楼是厨房，屋后的门直接通往牲畜棚，冬天便把门打开，可以吸收牲畜反刍时散发出来的热量。楼上有两个房间和一个小阁楼，与一个大谷仓相连，里面的草料堆到了屋顶。我和两个哥哥睡在同一个房间，三个人同睡一张床。

---

① 法国杜省市镇。

马韦里斯（作者摄于2006年）

马韦里斯位于杜省，属小城莱–杜布河畔利斯尔管辖，那座7000人口的小城在我们那些孩子的眼里就是一座大城了。远处，我当时以为永远都去不了的地方，是蒙贝里亚及其姐妹城索绍，标致汽车厂就在索绍。在二战的最后一个月，我亲眼看着它被盟军的飞机炸毁。

当时，这些名字动听的城市和村庄，对我来说显得神秘而遥远，其实它们近在咫尺。我还记得一些名字，比如，埃里库尔、埃里蒙库尔、奥登库尔，还有鲁日蒙，更远一点的，有维莱塞克斯，再远一点，有大城市贝藏松。最后，很远很远，还有巴黎，有钱人和有文化的人才能去那里。我相信我这辈子都去不了，我不会去那么远的地方。我永远不会那么出名，永远不会有那么多钱可以去贝藏松看看，更不要说去巴黎了。这就是我们到了高卢土地上两三年之后，我的小世界的情形。

当时，大部分健壮的男人都站在旗帜下。这种说法好像很奇怪，让男人们感到十分自豪。大家相信德国人不会到这儿来，我们给他们取了许多绰号，什么"野蛮人"啊，弗里茨啊，弗里苏啊！

2. 阿纳托尔

还是讲讲我刚才提到过的朋友阿纳托尔·杜蓬吧！一看这样的姓名，大家就知道肯定是法国人，然而他却生在波兰，不过那是另一个故事了，一个关于收养的故事。

2004年，我在离魁北克不远的圣让德布雷伯夫附近遇到了我的小堂弟雷翁。几个星期前我还不知道有这么一个堂弟。我们相谈甚欢，我发现他是一个热情、有教养、有文化、富有同情心的人。他说我母亲去世前夕他见过，于是有一天，他决定去马韦里斯，想多了解一点我父亲去世的情况。他自然去了村公所，年轻的女所长一无所知，也不想谈一桩也许在她看来微不足道的悲剧。一个男人的死……那个年代，死了不知多少人。她建议雷翁去找阿纳托尔，一个有智慧、有教养、受到大家敬重的人。阿纳托尔对雷翁说的第一句话是："告诉马塞尔，我已经不恨他了，他让我脸上留下了一个永恒的大伤疤。其实，我从来没有恨过他，我们那时都是毛孩子。"我立即就知道谁是这个"阿纳托尔"了。雷翁回弗朗什山区之后不久，我决定写信给阿纳托尔。法国，马韦里斯，阿纳托尔·杜蓬先生。地址这样写就足够了。信确实到了，因为几天后，我就接到了这个我不小心在他脸上留下了伤疤的童年伙伴的电话。

2006年9月，我在妻子安德烈的陪同下，走上了村里的小路，见到了脸上有伤疤的那个人，我答应要去看他的。我看到的是一个一米八左右的男子汉，我叫道："是阿纳托尔吗？""不认识了？"他大笑着回答我。我当然认识的，只能是他，不可能是别人。因为我看到了那个伤疤。

让我们跳到60多年前，回到1943年吧！那天，我正在和比我小两三岁的邻居阿纳托尔玩。我不知从哪里找到了一个旧车轮，便在阿纳托尔家对面的林子边的牧场从上往下滚。被我当作铁环的那个铁轮子完全生锈了，辐条只连住一头，所以，这个玩具相当危险。我松开了这个铁玩具，突然发现情况不妙，但已经为时太晚，"小阿纳托尔"，如今这个高大的男子汉，就站在斜坡下面，伸开双臂，想抓住车轮。结果呢？他被这个可怕的车轮撞个正着，看到血不停地涌出，他大叫起来。我吓呆了，觉得自己是罪魁祸首，尽管我记得曾对他大喊："走开，别接轮子！"他没听我的。63年后，我既没有忘记这个事故，也没忘记他的名字，我们又成了朋友。那次相逢，他告诉了我很多事情，我将永远感谢他。

但对于后来的意外悲剧，我没了解到什么。他没怎么说，我得到其他地方去寻找真相，那是几年以后的事了。

3. 滑稽的战争

"滑稽的战争"这个词是法国作家罗兰·多热莱斯[①]先说的，那场战争从1939年9月持续到1940年中。德国军队入侵波兰，法国和英国向德国宣战，几个月前，它们曾天真地接受了捷克斯洛伐克被入侵的事实，但这一次，它们别无选择。美国跟比利时和瑞典一样，宣称保持中立，瑞士也同样，它几百年来都如此。法国人以为他们的马其诺防线固若金汤，所以按兵不动。德国人利用这个机会，加强武装，进攻了波兰、比利时、挪威，而苏联人则在保护可怜的小芬兰，乘机骗取了它的一大片土地。不久，还是那些苏联人，也进攻了波兰，那是他们几百年来的"天敌"。

后来，第三帝国的部队又出现在比荷卢联盟[②]、丹麦和法国，马其诺防线仍然固若金汤，但已经不起作用，把它包围起来就可以了。最后，盟军溃败，逃到了敦刻尔克，只有一部分

[①] 罗兰·多热莱斯（1885—1973），法国作家、龚古尔学院院士。

[②] 比荷卢联盟，指由三个相邻的君主立宪西欧国家荷兰、比利时和卢森堡组成的联盟。

部队从那里成功地登船前往英国。法国战败了，投降了，听命于战胜者。

1939年9月，开学的时间到了。我和兄弟们漫不经心，没做什么准备，更愿意在牧场奔跑，采摘桑椹，抓青蛙和蜗牛。后来，田间劳动也成了孩子们的事。人手是用来干活的。自古以来，所有的农庄都是如此。

我对老师没留下什么清晰的记忆，只知道他很威严，跟住在邻村的神甫一样很少露面，或是城里的医生，从来没有出现过。村里有接生婆和土法接骨医生。我想"先生"（当时就是这样称呼小学教师的）只想着一件事，就是回到他所来的大城市里。

我上乡村小学的时间很短，只有两三个星期。整个战争期间，我没有踏进过学校一步。6年后，我这个大龄学生才再次上学，老师是女的。

所以，我们不经常见到那位知识渊博的"先生"，他看见德国人立即就逃跑了。德国人是从东面的道路上来的，坐着钢铁怪物，很快就进来了。仅仅几天，我们就相信德国人会把我们统统杀光。在我们简单的头脑里，德国人就是敌人、野蛮人，凶残、暴力，对我们格杀勿论。

确实，他们来得太快了，都看不见他们经过，光荣的法国军队拉着马匹，拖着上次战争（所谓的"第一次世界大战"）留下的马车和大炮，被追得屁滚尿流。在我们那个地区其实没有抵抗，后来，当我们赞美贝当元首时，人们告诉我们，那场溃退其实是战略转移，附近的德国人是来恢复所谓失去的秩序，保护我们不受"共匪"的侵犯。新政权说，跟德国人打交道比跟布尔什维克打交道好。许多人认为，停止敌对，战争也就结束了。1940年6月22日，德法两国在贡比涅森林签署了停战协议。1918年11月11日，在同一个地方的同一节车厢里，德国人向协约国承认失败。

　　那个德国人就是这样经过我们村的，匆匆忙忙，安安全全，像个游客，东逛西逛，急着去其他地方看看。他很有礼貌，微笑着跟大家打招呼，甚至买东西也付钱，并不像人们告诉我们的那样青面獠牙。有几个村民回应了他，其他人沉着脸，或表示顺从。战后，天哪，谁也不让自己再想起这事，大家都说自己是真正的爱国者。这场巨大的痛苦之后，诞生了多少英雄啊！

　　这支大部队巧妙地绕过了不可攻克的马其诺防线，遍布各地，在这里或那里留下一些小部队，与当地民兵和后来被叫作"合作者"的人联手。当时，那个德国兵主要向妇女献殷勤，因为男人们不是被关在德国就是复员了，无所事事，其中有些遭到追捕，躲藏在附近的田野或林中，还有一些成功地逃到了伦敦，留下让人好奇的信息，发誓要回来解放家乡。德国人如此匆匆地跑遍投降的半个法国，诞生了一些蓝眼珠、头发更黄的小法国人。但直到战争结束，人们才敢公开地承认，有的人则暗中讽刺，这让许多家庭破碎，给一些儿童留下终生的创伤。

　　1940年的失败之后，其实已经看不到德国人了。大家都知道他们占领了半个法国，包括我们所在的地区。当时法国的政策对他们有利，这好像别无选择。不过，人们看到民兵在寻找逃犯、犹太人、吉卜赛人和同情共产党的人。村里没有受到太大的侵扰，生活几乎恢复了常态。有收音机的人在悄悄地传播奇怪的消息。战争扩大到各地。德国决定进犯苏联，以此打破联盟。有的法国人开始打游击，城里和乡下都如此，他们躲到林中，组织人手，破坏铁路上的军事设施，对敌人进行伏击。至于没有被德国人占领的部分，与德国占领者进行了合作，拿当时的法国总统和元帅菲利蒲·贝当以及总理皮埃尔·拉瓦尔的话来说，是为了一个美好的法国。于是，在很多个月当中，出现了两个法国，一个反抗，一个屈服，后者有时跟占领者一样残酷。

4. 悲剧的开始

几个月以后，在父母的努力下，父亲管理的农场从荒废状态变成了全村的榜样。牲畜栏干干净净，家畜存栏数增加了，农场赢利了。父亲瞒着野蛮的德国人和维希政府藏了几个从德国逃回来的人。有的村民担心自己的安全，其中有一个甚至威胁我父亲，说要向德国人告发他。一部分村民敬佩他，另一部分为他的行为提心吊胆，也妒忌他的成功。他英俊、勤劳，当时还很年轻，农场几乎是他一个人的，经营得非常好。而且，他是个异乡人，还讲德语。还能怎么办？

我记得他有一匹白色的佩尔什马，力大无穷，取了个笨名字，就叫"老白"。父亲打算向大家证明他的马是全地区最棒的，一天，他向村里和附近村里的农民提出挑战：看看哪匹马力气最大。经过一番选择，大家最后用一条粗大的铁链，一头系在"老白"身上，另一头是4匹选出来的壮马。打赌开始了。大家都在鼓励自己的爱马，纷纷押那4匹马得胜，除了我父亲，他坚信他的马能夺冠。他在那匹勇敢的马屁股上狠狠地拍了几下之后，"老白"赢了。

还有一天，父亲把几个邻居请到家中，让他们用他在地窖里建造的新压榨机（这种做法当时是被占领者及其爪牙禁止的）榨菜油。有的人怀着感谢之情在此冒险，也有的人说他，由于报复越来越频繁，他们感到害怕了。

我父亲总是乐于助人，想帮助邻居，讨好他们，换句话说，是想让一个自我封闭、不习惯变化、提防外乡人的社会接纳他。他必须经常去瑞士，服义务兵役，这是村民们所不能理解的，而且，瑞士军服和德国的军服像极了。由于他懂德语，所以有人看见他在德军快速挺进时跟几个德军士兵说过话。

于是大家开始对他不信任。对于满脑子想着战争的人来说，没有什么是正常的。许多男人都成了俘虏或上了前线，出现在村里的几个外乡人，人们不知道他们同情谁。这样，事情就复杂了。

现在，我要讲述这个故事中最难落笔的部分了。我之所以这样做，是经过深思熟虑、冒着风险的。有个很亲近的人警告过我，所以我一直没说或说得很少。写作可以说是思考状态的一种暂缓，它有时给我留下一些没有答案的问题，让我心里七上八下，犹豫不决，痛苦不堪。但没有指责，也没有怨恨，从来没有，更没有对谁的仇恨。战争引起的这些悲剧，其中的所有演员，不管他们扮演什么角色，我对他们只有同情。这场战争让一个家庭的全部生活都毁了，然后是战争带来的麻烦，尤其是战后，在法国，报复、揭发、暴行和仇恨让成千上万的无辜者受到了伤害。

至于接下来要描述的事情，我花了50多年才了解到，至少是粗略了解。如果有某些东西我不能完全肯定，我会提示的，但这不会在任何意义上改变事件的结果。当然，我无法回忆起当时的一切，也不能严格按时间顺序来还原事件，但我所讲述的事情肯定发生过。2005年秋，我的舅妈玛丽，即我舅舅查理的妻子告诉了我一个"家庭秘密"。我的堂兄雷翁·约瑟夫完全不认识玛丽，也从来没有见过她。2005年和2006年，他更加详细地给我讲述了同样的事情。正如我前面所说，雷翁在1999年和2000年跟我母亲长谈之后，又见到了一个完全可信的证人，向他透露了我在这里复述的秘密，之后便去了马韦里斯。2006年和2010年我本人也去了那里，从一个亲密的见证者那儿得到了更多的细节。在他的要求下，我这里就不提他的名字了。一切都很确凿，而且，我有资料，全都吻合。所以我要讲的版本，是战争快结束的时候我们经历过的真实的悲剧故事，这不是我母亲说的版本，母亲的版本其实有很多，根据情况的不同和听者的不同而不同。每当我询问她，她总是含糊地评论上几句，然后开始哭，所以我避免问她太多问题。我一直在想，父亲是被德国人所杀还是被法国人所害（因为这也有可能），抑或是村民干的。不，这些都与事实无关。接下来大家就会明白的。

我说回我父亲。

这是一个极其笨拙的人，或者说很马虎，跟农场主的老婆有暧昧关系，农场主一直被关在德国。在一个那么小的村子里，这种消息一下子就传遍了。对于一天从早忙到晚的我母亲来说，真正的苦难开始了。她爱我父亲，直到50多年后走到生命的尽头时还爱他。每当有人开车从瑞士送她去马韦里斯时，她还去他坟墓上哭。悲剧发生时我还小，什么都不懂，不知道别人的讽刺、辱骂、威胁和讥笑是什么意思。但有一天，我和两个哥哥去田里翻晒干草，我忘了他们为什么事烦我，便去找半小时前失踪在田野尽头森林边的父亲投诉，就在那里，我看见他和他的情妇在干我在这里耻于写出来的事情。因此，从那天起，我便再也不敢正眼看他，并且尽量避开他。那情景至今还浮现在我眼前，仿佛就在昨天。从那天起，我常常看见母亲在哭泣，听见她抽泣。我想起了她无穷尽的悲伤，她没有任何办法，甚至无法离开那个村庄，离开她的孩子们，或者进行反抗。从那天起，我才知道什么叫作谎言与背叛，什么叫作卑鄙、恐惧、耻辱和失望；从那天起，我便深陷于孤独之中，不再信任周围的人。我应该一直在与这种怀疑做斗争，但没能摆脱它，尽管我表面上有时装出一副轻信的样子，显得非常天真。也许就是从那个时候开始，我决定不再结交朋友，对不公正的事情常常显得十分敏感。这种状态我保留了数十年。在青少年时期，我就知道这种内向的态度会让我战胜许多苦难，这与人们可能以为的相反。但我的哥哥们就没这种运气了，如果说这是一种运气的话，或者说他们没有足够的力量摆脱这一破碎的童年桎梏。也许他们没有运气遇到可以倾诉的人，而那些人也懂得在那种场合该讲什么话。

　　在农场里，我们当然有许多家畜，其中包括兔子和母鸡。有母鸡的地方就有公鸡。有一天，快吃完饭的时候，我怯生生地问，是否可以离开桌子了。说话时我都不敢抬起头。自从上述那件事后，一直都那么严厉的父亲便对我非常宽容，不再打我，而这在以前是家常便饭。一般来说，他都会同意我的请求，再说，我的请求都很天真，不会有什么不好的后果。于是我离开饭桌，到了院子里，家里的其他人还没吃完饭。两只公鸡在死命打架，这是很常见的，并不只在比赛中才见得到。几分钟后，其中的一只占了上风，狠狠地攻击已经半死的对方。我抄起一条棍子，企图驱赶胜利者，但白费劲。家禽栏里又开始了冠军赛，一只公鸡被咬死了。事情并不很复杂，只是我被冤枉了，他们说是我弄死了那只公鸡。说实话，大家都发表了意见，一切都明显对我不利：我手里拿着棍子，衣服上甚至还有血。这其实不是什么大不了的事，只是我被冤枉了很长时间。"你还记得你杀死的那只公鸡吗？"经常有人这样问我，结果，在很多年当中，被冤枉成了我日常生活的一部分。不过，我的人生哲学（如果这算是的话），并不要求我在成为被冤枉对象（如果不说是受害者）时与之做斗争。一切都会过去的，大多数时候，人无法与偏见和敌意斗争。我对战争极其恐惧，不管是小战争还是大规模的战争。

5. 战争最酣时

战争在继续，几乎到处都在打。但我们这些年轻人生活在无知当中，甚至有些无忧无虑。后来，有一天，有人说从收音机里听到了来自伦敦的一段诗：

秋天的

小提琴

漫长的呻吟

用单调的

忧郁

刺伤

我心

这是整个二战中最重要的信息（选自魏尔伦的《忧郁的诗篇》），是发给法国抵抗组织（法国国内力量）的信号，意思是盟军已经在诺曼底登陆。而我们这些孩子并不知道，我们也不知其重要性，不相信局势真的会改变，1944年6月6日将作为人类历史上最重要的日子之一被载入史册。

不过，许多当事人知道这个消息。主动或被动参加抵抗的人，与占领军或维希政府合作的人，或者是各种各样的投机分子，大家都在想将会发生什么。盟军能得胜吗？需要多长时间他们才能到达我们这里？我们可是在法国的另一端，在东部，离德国不远。

父亲忍不住了，长期以来，他至少藏了两个俘虏，经常说他想"干掉几个德国人"。他经常参加抵抗组织的行动，每天晚上都不见人影。他和其他游击队一起，参加了许多战斗，其中包括重要的罗蒙要塞战斗。据指挥员说，他表现得非常勇敢。我珍藏着那个指挥员的一封信，他证明保尔·布罗凯在战斗中英勇无畏。

两个俘虏白天必须藏在农场里。农场慢慢地濒临破产，母亲要干的活越来越多，我们尽量帮助她，反正学校关门，我们都好几个月没上学了。

后来有一天，德国人又出现了。但这次，他们不再是1940年坐在坦克上威风凛凛的军人，那时他们还比较文明，我们还以为到处追捕游击队的德军野蛮透顶。可现在，轮到他们被盟军追击了，他们在某些地方躲了好几个星期，有时把敌人抵挡在两三公里外，拖延解放大军不可避免的前进，无恶不作。有一天，当地的17个年轻人被抓，被控是抵抗者。他们在我前面提到过的两村之间的小教堂前，靠墙排成一行被枪决，年龄最大的才22岁。今天，在那座旧教堂里，我们还能在纪念碑上看到他们的名字。这是马韦里斯和日蒙瓦尔的情况。

17个年轻人，最小的17岁，最大的22岁，被德国人枪杀在小教堂后面（作者摄）

德国人在漫长而缓慢的撤退过程中，搜刮他们所能弄到的任何东西：家畜、自行车、大车、粮食，甚至连干草也拿，用来给他们所赶的家畜吃，而这些家畜又准备给迷路的部队当给养。白天，炮弹经常在我们头顶呼啸；晚上，可以听见双方的巡逻队在互相射击。德军的阵地在村东一座叫"高岩"的小山坡上；盟军的阵地在西边大约500米远的一座山上，叫夏努瓦。早上，我们会发现几具尸体，有时是在半道上。我们睡在地窖里躲避炮弹，但在白天，没有人会抓我们。我们去法国士兵及其友军分散在村子高处的战壕里，给他们送热水，因为他们不能生火，否则会暴露目标。作为交换，他们会给我们香烟……我抽了烟，感到很难受。我更喜欢巧克力。

有一天，几个德国人在牧场上抓住了我，把我带到他们的阵地。绝望的母亲被告知，要想让我回来，必须让我父亲去他们阵营。这么说，村民中有奸细，其实村民们一直很害怕。后来是村长出面去谈判，把我弄了回来。父亲一直没露面，因为他当时在罗蒙要塞地区。那时我好像8岁吧！之后，法国士兵又把我弄走了，要我母亲让我父亲来找我。我们在想究竟是为什么。那天他同样也没有回来，还是村长带着我母亲去"谈判"，把我弄回来的。

由于没有人敢去果园和田里冒险，我便去一个果园摘梨子，觉得味道很好。突然，四周子弹呼啸，但我并没有在意，直到母亲叫我。我跑到她身边，她和旁边的几个村民都说，村子另一头的德国人拿我当活靶子，也许仅仅是为了寻开心。

可没有任何东西能阻止我在田野里乱跑，独自失踪，尽管我有时害怕得浑身哆嗦。一天傍晚，我跑着回家时，在村边高高的草丛中碰到了一个死人。是德国人，法国人，盟军的士兵还是游击队员？我永远也无法知道。我被吓得半死，飞快地逃了。

母亲不再监视我和我的兄弟们。我们什么"坏事"都干，收集没有爆炸的手榴弹和绑成树叶状的炸药。这些东西到处都是。德国人成功地收复了村庄，占据了一个农场，在里面布置了一个大厨房。我设法爬到屋顶，从一个伙伴手中接过一把把湿草，塞到烟囱里。大厨房里马上就浓烟滚滚。厨师端着枪跑出来，这时，我又听到了母亲的叫喊声。也许是我太小，这让那个士兵犹豫了，不知道要不要朝我开枪，结果，我乘机溜走了。

我们饿得不行，因为不能到田里去，那里现在到处都埋着地雷。只有小孩可以去，地雷只有承受了一定的重量后才会爆炸。为了让我们能够活下去，母亲表现得非常勇敢。我一直在想，那个阴森可怕的时期她是怎么度过的。

父亲时不时会回来，带回一点食物，然后又消失在丛林中。

后来，德国人把被关的农场主放回了家。他病了，瘦得皮包骨头。他要回了自己的农场……和不忠诚的老婆。他不断打她，据我所知，那个女人为自己的不忠付出了巨大的代价。这一点，大家很容易猜得到。

不难理解，我们为什么从马韦里斯搬到了日蒙瓦尔的另一个农场。那个农场已被荒废，是一个叫梅西埃的人的。我对那个农庄的记忆非常清晰，很多年以后，当我第一次回去，到父亲坟上祭拜时，我还拍了一张照片，它一直保持它原先的样子。

父母为什么要把我送到其中一个俘虏的老婆家里去"度假"呢？

一颗炮弹击穿我和我的兄弟们睡的房间上方。不知道出了什么奇迹，我们刚好不在

（作者摄）

　　和平时期，那个俘虏是个教授，他只有一个念头：回到法国军队里去。当时，那个女人带着两个年幼的孩子住在蒙贝里亚镇的高处。从那个小山坡上，可以俯瞰整个小镇以及毗连的索绍小镇。德国人对蒙贝里亚不怎么感兴趣，索绍就不一样了。那是制造标致汽车的小镇，已经被德国人改造成一个大兵工厂，法国工人被征召来不分日夜地干活。盟军知道这一

点，决定毁灭这个小镇。一天晚上，人们先是听到汽笛阴森的叫声，接着，英国皇家空军的战机出现在天空，被德国人巨大的探照灯照得雪亮，成了防空武器的目标。我们在几公里外看着这地狱般的景象，好像没有要停下来的意思。全城着火，我一直记得，真像是世界末日一般。

第二天一大早，俘虏的老婆——我后来再也没有见到过她，所以想不起她叫什么名字了——带着我和她的两个孩子，穿过城里的废墟，去投奔亲人或朋友。一切都被摧毁了，无数尸体横陈街头，有的完全支离破碎，死伤者数以百计。可以看见有的尸体挂在医院的围墙上，或躺在公园里，甚至躺在大门的楼梯上。到处都是伤者和垂死者的呻吟和叫喊，而医院却无法再接收他们。热浪滚滚。我记得我捂住鼻孔，免得闻到已成废墟的城里可怕的味道和尸体的恶臭。英国飞行员干得可真"好"，他们盲目杀死了许多无辜者，摧毁了那座城市。

必须指出，住在法国的瑞士人与法国人的关系非常微妙；同时也别忘了，大危机在许多国家的城市和乡村都造成了无数悲剧。但正如我在前面说过的那样，很多法国人都去参军了，所以，外国人只要不在法国生事，在乡村、工厂和商店都会受到欢迎。

当时，有许多住在法国的瑞士农民和制造奶酪的人没有工作，理所当然会跑到瑞士附近的地区来生活，比如说法国东部。其中有的瑞士人非常勇敢，对法国人的遭遇十分同情。尽管语言不通（他们讲德语），但在大部分情况下他们都能很好地融入新的集体。但他们与侵略者讲同样的语言，更糟糕的是，有人还帮助德国人进来，并且很不小心，还告诉别人。那些暴行都是不正当的，尽管必须承认，有的瑞士人确实与德国人保持可疑的关系，值得惩罚；另一些人，幸运的是这部分人占绝大多数，继续努力，设法融入当地民众当中。还有的人参加了游击队，拿起武器，与法国抵抗者并肩战斗，其中就有我父亲。

　　战争快结束的时候，有的法国人对外国人表现出妒忌和排外的情绪，结果有的外国人被关了起来，有的被驱回原籍。暴力也不少见，甚至有全家被杀光的事情发生。战争造成的这种不公正的事情数不胜数，一方面是因为瑞士传统的中立态度，使德国人对他们有一定的保护，只要他们出示护照；另一方面，同是这些德国人，对法国民众却非常凶狠。这种情况造成法国人对侨居法国的瑞士人有些怨恨，这很容易理解。战争结束前夕，大清除开始了，发生了许多复仇事件，有时非常没道理，仅仅是因为妒忌外国人没有遭到迫害，在新的国家事业成功。

　　其他地方也出现了类似事件，有时甚至更糟。只要看看美国的集中营就可以了，那里关押着许多日本人和许多国家的侨民，他们唯一的罪名是祖国与他们的居住国交战。而且，这里面有些侨民几代都是美国人、加拿大人、奥地利人和英国人，等等。

　　德国人驻扎在马韦里斯和日蒙瓦尔这两个村庄的一个高

地上，盟军则守在另一端，那个时期，我今天还觉得漫长无边。我们靠近盟军，知道德国人监视着我们。我们在地窖里过夜，担心再也不能活着出来，因为在炮弹的轰炸下，房子随时都会倒塌。

至于我父亲，他已经完全失踪，忙着跟游击队一起行动。后来，在调查他的死因时，人们得知，1944年7月，他和数百名游击队员待在罗蒙要塞地区。那里正准备打大仗，他后来参加了，和所有参战的队员一样，他非常勇敢，为打败德军出了力。

背靠祖国瑞士，我父亲心想——我相信是这样，他是在捍卫正义的事业，因为他老觉得德国人在威胁瑞士的中立立场。那场战斗非常激烈，数百游击队战士参战，其中许多人献出了自己的生命。但败退的德国人无疑会变得更加野蛮，做出许多暴行，疯狂报复，滥杀无辜，不管受害者多大年龄。

这场战斗之后，德国人慌乱地离开了马韦里斯地区，卷走牲畜和村民的许多财产，在某条崎岖不平的路上处决往往是偶然抓到的或者是被人揭发的同情者。

6. 致命的日子

不难想象，那个农场主从德国回来，让他老婆感到恐惧和惊慌，她忍不住又找了一个年轻的法国中士当情人，此人便意外地成了我父亲的情敌。大家都知道，在那个混乱的时期，生命不值一钱，妒忌、揭发，不费什么事就可解决问题。总之，那个男人一定是这样想的。10月1日，他在等我父亲，可能想向我父亲说什么，要我父亲"让位"。我不知道那场谈判说了些什么话，但我知道我父亲非常傲慢，无所畏惧，这场见面应该没有达成任何谅解或理解。那个中士，我这里就不提他的名字了，但全村人都认识他，他转身离开时，朝我父亲后背开了好几枪。我父亲就这样死了，当时，他也许已经决定恢复正常生活，和家人好好过，请求我母亲的原谅。那是1944年10月1日。我愿意相信那是他死之前的心理状态。我一直希望是这样，好像这样我就能跟他保持和平，能原谅他。在法国军队中，那个杀人的士兵一定觉得自己是不受法律约束的，有权发泄自己的怒火，处决他认为是敌人的人。所以，这跟战争毫无关系。这场谋杀，完全是愚蠢的、可悲的，属于通奸和争风吃醋。

那个人以为穿着军装就安全了，他明明知道全村人都知道真相，却还神气活现地出现在村中。别忘了我父亲藏匿过两个俘虏，其中有一个，让我去他位于索绍附近的家里玩过几天。我后来得知，他非常感激和尊重我父亲，因为我父亲不顾残暴的德国人和维希分子，勇敢地把他藏在农场里。当天，他躲在村子高处，农场的石台阶下面，知道那个杀人的中士肯定要经过那里回到营地。于是，那天的第二场谋杀发生了。我父亲的那个朋友——父亲在村里没什么朋友——伸张了正义，打死那个年轻的中士，然后消失了。他好像参加了勒克莱克将军①的部队。人们再也没有见到过他，也没有听说过他。

所以，我父亲既不是被德国人杀死的，他们已经离开那个地区；也不是被法国人杀死的，因为后来的诉讼表明了这一点。我原先还以为他是被某些村民杀死的，也许是被那个农场主的朋友，或者是他的家庭成员，也错了。这仅仅是一个确实无关紧要的爱情故事。战争快结束的时候就是那样。报复的事情很多，只要讲德语，只要欠富裕的邻居一点债，只要被人揭发，说与德国人合作。而对于一个女人，只要她回应德军一个微笑，她就要为这种错误或失判付出沉重的代价。

我母亲是一个可敬的女人，她在一个不友好的地方独自带着5个男孩，5张待哺的嘴，最小的只有1岁。尽管她很失

---

① 勒克莱克（1902—1947），法军著名将领，1944年8月25日，奉命接受了德军的投降。

望，生活毁了，但她很快就像人们说的那样，振作起来。这是一个充满活力的人，一个强壮的女人，在田间、牲畜栏和厨房里卖命干活，从来不吝啬时间和汗水。而且，她也习惯了，因为对她来说，干活早已成为家常便饭，从很年轻的时候就如此。我现在还仿佛看到她站在拉干草的大车上，抓住一大把干草，采用她自己总结出来的技术，整整齐齐地垒在旁边，当时我还很小。她什么都会做，比如说挤牛奶啊，修修补补啊，缝补衣服啊，做饭啊，尽管她没什么东西或得到什么东西。

现在，她必须为她的孩子们活着，竭尽全力，帮助他们摆脱这一悲惨的困境，也就是说，离开这个可咒的地方。她必须放弃农场，因为什么都没有了，再次搬家，找到其他生存方式。我不知道美国军队为什么要把我们全部赶到离马韦里斯30来公里的小城鲁日蒙。路途漫长而艰难，因为驱赶德国人的时候，盟军长长的车队把道路搞得坑坑洼洼。所以，有一段道路我们要背着简单的行李步行。必须有东西吃，否则会饿死。我还记得有条河，名字很古怪，叫洋葱河，河水泛滥。有一天，我独自去捉蜗牛，被水围困了，水不停地上涨，我爬到一棵树上。几个小时后，一些美国士兵划着一艘小船来救我。他们说的话我一点都听不懂，但我记得他们朝我笑笑，拍拍我的背，觉得这事很滑稽。就在那天，我平生第一次吃到巧克力。

后来，我们又回到了马韦里斯。我们以前住过的小屋像一个储藏室，而不像是人住的地方。房子差不多已成废墟，肮脏、破烂，一副凄凉景象，当然，既没有暖气，也没有电。电肯定是无法恢复了。我母亲找了一个旧锅，好歹把用作厨房的那个小房间弄暖。可笑的是，人们还给那座破屋取名为"泰莱丝堡"。里面很冷，水从墙上渗出，虫到处爬，占领了这个地方。冬天临近，我们食不果腹。母亲想办法求助，去莱-杜布河畔利斯尔见一个律师，希望能享受自己的权利，伸张正义。她和那个律师及其与军事和非军事当局的众多通信，我一直保留着。

她还拥有别的东西，那就是她的自豪，她的性格力量和精力。她比我父亲多活了56年，没有再婚，起码在她心里一直没人能替代我父亲。我去瑞士旅行时，有时和她一起给父亲上坟。正如我前面所说的那样，每次都要强行把她拉走，否则她不愿离开那里。那场残酷的永别过去50年了，她还在不断地痛哭。她为她一直爱着的男人痛哭，为她也许从来没有尝到过的幸福痛哭。在那些可怕的岁月里，后来在瑞士也同样，她得养活自己和5个孩子。我从来没有见过她垂头丧气，她竭尽全力地活下去，保持自己的尊严：当农民、在工厂里当女工、当保姆、当流动商贩、当售货员。勇气，她从来不缺。她的武器呢？就是她对孩子的爱和她的微笑。

如果说，战争像冬天一样快结束了，痛苦的考验却远没有到尽头。填饱肚子是头等大事。不过，她还是得到了两个朋友的支持，伊冯娜·格莱兹里和伊冯娜·布尔甘，那是两个表姐妹，就住在学校对面，她跟她们很合得来。

悲剧发生后不久，她收到了瑞士红十字会的消息，她将成为该组织的受益人之一。红会在我父亲去世之后也将负责让我的两个哥哥回到祖国。她决定，在律师采取措施，控告法国新政府的过程中，依然留在法国。所以，我的两个哥哥回到了瑞士，住到我外婆家里。我已经记不起我们是在什么情况下走的，又是乘坐什么交通工具。母亲有时去莱-杜布河畔利斯尔见律师，同时去取红十字会寄给她的包裹。后来是我步行24公里，来往于那个小城和我家之间，去取包裹，每周一次。1944年冬，天极其寒冷，大雪纷飞，道路很少通畅，但我仍然穿着木鞋和"俄罗斯袜子"（不过是一些烂布缠在脚的四周），又冷又饿。

村民们一有可能就拿出雪橇，所谓的雪橇，其实是一个大三角木，两部分用金属架连接，上下高一米，宽得足以站12个人，开口直对路面。这种巧妙的发明其实很简单，它由6匹强壮的佩尔什马牵拉，人们坐着它去见邻村的朋友，朋友们也坐着同样的交通工具来见他们。那些强壮而勇敢的马粗壮的腿陷入雪中，有时，大雪深及胸。大家见见面，喝一小杯烈酒，然后又回到日常的工作当中。道路开通了，直到下次大雪封路。

战争过去了，远去了。个别地方还有德军残部在顽抗，甚至在诺曼底也有，但他们对步步紧逼的盟军已构不成严重的威胁。不过，这场悲剧留下了不少严重后果，几代人都不会忘记。这一巨大的人道主义悲剧在数百万人身上烙下了痕迹，数百城市和乡村全部或部分被毁。事实上，很少有地方能真正躲过战争这台巨大的生命收割机。很快，法国的每个乡村都竖起了纪念碑，教堂的墙上也安上了铭牌，以便让大家记住那些为了祖国而献出生命的人。要不就在第一次世界大战的纪念碑上增添名字，那上面已经有"为国捐躯"士兵的名字。这有点像人们在墓碑上留下空白，以便将来刻上不可避免要跟着来的人的名字。有的街道换名了。在家里、咖啡馆里、学校里，戴高乐将军的照片取代了在这之前一直受到崇敬、一夜之间成为祖国的叛徒的贝当老将军的照片。市镇议会忙于重设新的机构，这是解放后所要求的。至于战争委员会，他们也没闲着，抓捕叛徒，快速开庭或模拟法庭审判后予以处决，甚至做有罪推定。有时可以看见被审者站在大车上，面对公诉的人群；有的女人被剃光了头发，而她们有的其实什么都没干，仅仅是对敌人笑了笑。人们向那些叛徒扔石头，打他们，其实他们并不全都是叛徒，往往是欠他们钱的邻居告发的，或者是因为收成好，引人妒忌。我在什么地方读到过，在那个黑暗的时期，差不多有10万法国人被特别法庭匆匆处决。这一数字可能有多有少，但这不重要，这再次表明人对人是多么野蛮和残忍。许多作家和艺术家被怀疑通敌，有的被杀，有的被判入狱，或被推上被告席。举几个例子：天才作家塞利纳（唉，他深深地仇视犹太人）和萨夏·吉特里被怀疑与德国人合作；还有出版家贝纳尔·格拉塞、作家罗贝尔·布拉希拉克、历史学家雅克·伯努瓦–梅尚等许多人，其中有不少是出版人。那是一个清算的时期，所有领域和所有的社会阶层都没能幸免，但这已经是战后了，有时不乏幸福。那是重建时期，要动员所有的人，让他们暂时忘却自己往往爱报复的本能。

　　幸运的是，这也是重建家庭的时期。有人从前线回来后再也找不到家人；或俘虏被释后回到家中与妻子重逢，家里又多了一两个孩子。有的人们以为他死了，但他却回来了；有时，唉，他们不再被欢迎。总之，这也是美好的重逢时期，重新找到了以为已经永远消失的爱人。这是跳风笛舞的时期，对新生活充满了希望，终于不会挨饿了，奢望而且完全可笑地认为，经过这场全球性的大屠杀，人类将永远不会再爆发战争。是的，战争将成为非正义的东西，是违法的，大家都确信无疑。唉，美好而徒劳的幻想！

　　欧洲曾经投降，事实上，它所有的国家都遭到了蹂躏，被一个疯子及其永被诅咒的帮凶疯狂屠杀。那么多人曾经追随那帮极端狂热分子，崇拜他们、赞扬他们、盲目地服从他们。历史再次重复，但再也不会比那6年更恐怖、更残酷了。

　　事实上，只有瑞士与瑞典这两个和平的避风港幸免于难。对瑞士来说，是因为它的地理位置还是它中立的政策？但我们看到，德国人并不尊重别的国家的政策。那是因为它取悦轴心国？是因为它的银行系统？关于这个问题，许多人进行了研究，出版了许多书籍。今天，我们仍然只有一些互相矛盾或缺乏逻辑的说法。问题远未解决，人们还将继续，因为研究没有结束。我们所知道的是，真理并不是我们年轻时人们教我们的那个样子。

如果说我想到法国安家，
我却想住在瑞士。

——吉尔·维尼奥尔[①]致本书作者
2005年7月13日

第三章
拾穗时光

---

① 吉尔·维尼奥尔（1928— ），加拿大著名诗人、歌词作者。

1. 回到家乡

　　1945年底，世界战争结束了。第二次，但无论是在名字上、在范围上，还是在恐怖和荒谬程度上都是最大的。母亲只有一个心愿，那就是离开那个不仅仅是陌生的地方，她在那里吃尽了苦头。她把丈夫留在了那里，她已经完全原谅他了，却担心以后再也不能到他的坟上痛哭了。她准备离开这个村庄和她在那里结下友谊的两个朋友，赶快回去找她的两个大儿子、她的母亲和兄弟姐妹，1939年夏天之后，她就再也没有见过他们。当然，也要回到家乡，回到瑞士，那个平静的地方不会不管她，而是会照顾她和她的五个孩子。还有别的幻想，但她很快就丢掉了。她在法国打的官司最后以和解告终。法国给了我母亲所谓的"战争"赔偿，合今天的3万欧元，六分之一属于我母亲，每个孩子都有相同的一份，但暂时只给大部分，除非有紧急需要，那时会很快就给。

　　所以，我母亲从战场回来时（这种说法我一般用在男人头上），我10岁了。好像她去远方打仗了，回来时像个英雄。我早就已经意识到她是个英雄，而且后来在她颠簸的一生中，她不止一次证明了这一点。她回到了家人的怀抱，大家都张开臂膀欢迎她。至少她是这样想的。幻想，幻想。

　　古罗马时期，"红土领地"，即现在的库鲁村，也是德雷蒙的一部分。德雷蒙就在它边上，是德雷蒙县政府所在地。库鲁村那时不过是一个郊区而已，如果有什么特别，也就是古罗马人曾在那里驻扎过，就像隔壁的维克村。库鲁村的历史似乎可以追溯到青铜时期，因为人们在那里发现了大岩石的陶瓷器。村里很早的时候就有墨洛温人、法兰克人、阿拉芒人、布尔贡德人住过，当然，之前还有古罗马人，比他们更早的，还有罗拉克人。村子的中心有个大教堂，我小时候，大家都必须去那里。这是瓦勒泰尔比的第一个村庄，过去和现在路一直都很干净，可以感觉到村里很富裕。那里没有穷人，就像瑞士的任何地方一样。战争期间，村里接收了几个犹太人、波兰人、法国人，有时，他们会决定留下来，村民们对他们很好，尽管有时会悄悄地暗示，他们现在是将来也永远是外地人。
　　村子的东边有一条小山脉，和人们在德雷蒙看到的是同一条，但被沃布尔横谷切断了。那上面就是小岩石，逃学去林中的时候，我有时就躲在那里。稍微往南一点，几百米远的地方，是大岩石，当然要比小岩石大一些，也更神秘。不知为什么，我总担心在那里遇到坏人或是守护地下金银财宝的地精。东边是雷默，我舅舅亚森去那里采蘑菇时，曾答应哪天带我去看小城堡、他的大草地和某些好像在山谷里见不到的鸟儿。天晴的时候，那里景色非常美，可以看到伯尔尼那边的阿尔卑斯山。古罗马人在那里修建了一些别墅，现在还有遗迹。那里还有铁矿，像德雷蒙及其山谷一样，人们在那里开采。

我们回到了外婆玛丽的家，来到了一个新世界。在我看来，那是个繁荣、富裕的地方，但最让我吃惊的，是它的干净，甚至森林都好像被打扫过，没有断枝在地面上腐烂。到处都是鲜花，小花园维护得非常好，村民们显得非常善良，这一切都让我开心。

我那时10岁，记得最清楚的，是外婆给我的水果：一根香蕉。我不知道那是什么，甚至不知道怎么吃。我永远忘不了热带水果的那种香甜美味。我来到了一个充满此类宝藏的地方，一个乐园，没有像法国那样的废墟，马路是沥青地面的，屋顶没有被炸弹炸出的破洞。这是天堂之门。

我是那样想的。

那个繁荣的大镇，大家似乎都认识，但没有引起我的多大激情：我在那里领略了什么是忧伤、孤独，懂得了什么叫干活。不过，我很喜欢我的外婆和那个女教师。

外婆玛丽和我的舅舅阿塞纳和夏尔慷慨地接待我母亲和我们兄弟。前两天真的是久别重逢，但他们也很快让我母亲明白，要养活她的五个孩子，而且都那么好动，她必须找到办法，而且要快。她得解决她自己的生计问题、孩子们的生计问题，那帮吵吵嚷嚷的小家伙越来越碍事，总之，必须干活才能让这些新增添的嘴巴有吃的。

在那个阶层，至少是在当时，甚至在瑞士也同样，不可能让我们这样的孩子去念书，除非是法律规定，即每个孩子每周必须到村办学校上几个小时的学。说真的，舅舅亚森认为这是浪费时间，至少对泰莱丝的孩子们来说是这样。他们来自太远的地方，拿他们没有用，除了让他们干活。

尽管认为读书没用，我还是满怀激情地到了新学校，但还是有些胆怯，所有的行装就是一块书写用的旧石板。我穿着一条让人好奇的高尔夫长裤，一件两个哥哥穿破的旧套头衫，尽管已经10岁，却不会读也不会写。越接近学校便越害怕，因为我知道我将跟低年级的"小孩"在一起。当然，我被安排在班上的最后一排，我也知道我的两个舅舅已经考虑替我这个有些落后的孩子申请免学。

可上学是强制性的，要违反规定可不容易。老师玛雅小姐（化名）是校长的女儿，可以说（她自己当然不知道），她是我坚持留在学校里的主要因素。对我来说，她就是女王。她个子高高的，懂得很多东西，非常了不起。她的美丽和目光在我的心中引起了某种奇特而新奇的慌乱，也夹杂着少年无限的崇拜之情。可她年龄太大了，至少有30岁。然而，尽管我非常爱我的母亲，玛雅小姐还是我梦想拥有的那种女人。

可惜的是，即使她看我，她也是视而不见。她无视我。我跟不上课，一心盼望课间休息或下课，以结束这种折磨，直到第二天重来。我唯一能做好的一件事，是和高年级的一个学生去村里的奶制品作坊抬装满牛奶的铁罐，在上课之前分给每个学生，然后才开始唱国歌。

我跟同学去抬装满牛奶的铁罐

　　我应该很快就发现了野外学校的小小快乐，并成为一个逃学者，当年，这个词的意思和今天还不一样。但我清楚地感觉到，逃到小河边的事不可能再发生，我重新产生了希望，心想，也许有一天，我也能像所有的瑞士小孩一样读书写字。终于，经过了一段我觉得漫长无边的时间之后，玛雅小姐也许对我这个傻瓜产生了同情，课后把我留下。我以为她是想说以后再也不想在学校里见到我，她要向我外婆告状。她确实是要告诉我外婆玛丽，但说的是，从今以后，她想课后给我补课，直到我赶上同龄的学生。

　　第一次留课，我终生难忘。我非常支持这个计划，想到能追上其他同学，我产生了新的力量，但这遭到了舅舅亚森的粗暴拒绝，对他来说，我课后只知道玩，可家里还有活要干。在此后的几个星期里，我成了玛雅小姐的一个特别的学生。我想我成了她的宠儿，因为，过了一段时间，她就让我当众念一些比较容易的文章，以便向别人表明我进步了。别的学生妒忌我，可我根本不在乎，尽管我心里知道。小孩的嘲笑少了，大孩子的嘲笑却多了。课间休息的时候，老师也不让我离开，而是给我布置很多作业，让我第二天就交。我得在灶台的一个角落做作业，因为饭桌被夏尔舅舅、亨利、吕西安和亚森舅舅占了，他们要打牌。有时，外婆和我母亲也一起玩。他们打各种牌，充当厨房的这个房间气氛热烈。他们赌钱。每次赌一分钱，有时也赌五分。母亲和外婆会意地交换一下眼色，从来不输。对她们来说，这是辛苦一天之后最快乐的时光。我后来才知道，她们是在作弊。但这并不坏，因为她们会把赢来的

钱天真而高兴地还给舅舅们。外婆是一个受过教育的人，她
关心我的学习。一开始她还有点怀疑，后来看到我进步了，她
很高兴。这是一个强壮而果断的女人，在这个大家庭里她说了
算。有时，我没有做完作业就在灶台的角落睡着了，她会打发
我去睡觉，说："马塞尔，去睡吧，我会告诉老师的。"没办
法在房间里看书写字，因为家里唯一有灯的房间就是大厨房，
那也是唯一有暖气的房间。后来，那栋大屋改造成一个漂亮的
别墅，有美丽的大花园和所有现代化生活设施，所以在那里禁
止养兔子、鸡、火鸡，更不用说猪了，如同外婆在的时候一
样。家里最权威的是夏尔舅舅，他不仅仅表堂堂、声音洪亮，
后来还成了一个大商人、村长，是伯尔尼议会的独立议员。

1955年前后，我的外婆玛丽·弗勒里在市场里

但我的两个哥哥告诉我，要解决我和其他孩子的问题，还要懂得用拳头来打架。必要时，他们会帮助我。尽管他们在外婆家没有待太久，但这些教育的主要内容我都记住了。要会打架。这一思想在我的生活中经常使用，尽管不是用拳头。至少是在离开瑞士之前。

外婆玛丽是卖蔬菜水果的，她很喜欢这个行当。因为她，我才发现了神奇的热带水果。回到汝拉山区的老家之前，我们都不认识那些水果。她每星期一两次推着水果和蔬菜去德雷蒙的市场卖，就在市政厅面前的广场上。她要把她的东西全卖掉之后才回家。她对买卖充满了热情，我有时得陪她一起去。那时，她便会提前一天通知老师，或给我写张小纸条，让我交给老师。那位博学的年轻女人知道我不得不去，但有时还是显得很失望。我每个星期都得拉着四轮小车去城里的车站，回来时里面装了货物。那辆小车非常实用，安装了一根辕木，可以让两个人拉。有时，碰到热心的行人，他们会给我搭把手，帮我登上里奇路，它跟卡特勒康通湖上面的里奇山完全没有关系（经济危机时期，我父亲曾在那里干活），只不过是两条铁路（一条通往巴塞尔，另一条通往穆蒂埃、比安、伯尔尼、纳沙泰尔、日内瓦及世界各地）上面的通道，那条高架道路现在还在，中间有个环形交叉口，这种设计在瑞士几乎到处可见。

到了山顶，我便坐在小车的前部，双腿夹着辕木，飞快地朝另一个方向滚去。

就是在那个时期，我有幸认识了一位女书商，或者说是卖旧书的吧！她在离车站不远的地方有家书店，我回库鲁村的时候有时会在那里停一停。书店的招牌很简单，上面只写着"书店"二字。很特别，不是吗？

有一天，她看到我贴着玻璃橱窗看，便从书店里走出来，对我说："你喜欢书，为什么不来看看？进来吧，不一定要买。"她让我慢慢地欣赏一排排书架。我惊叹不已。第一次去，她就问我选什么。我回答说，我没有钱。

"那就去找一毛钱，"她对我说，"回来见我，我租给你一本书。"

我问外婆要，她给了我一毛钱。第二个星期，我回到了书店：

"我有两个苏（一个苏等于五分钱）。"

"好，"她说，"你选吧！"

我不知道怎么选，她便递给我一本《鲁滨孙漂流记》，对我说：

"我拿走你的一毛钱，等你看完这本书，还给我，我再还你钱。"

我满怀热情地读完了，半个月以后回去找她，把那本我很想留下来的书还给她。她把钱还给我，然后说：

"谢谢。你现在把这一毛钱再给我，再拿一本书。"

这一毛钱让我读了十来本书，并和那个书店老板建立起新奇、美好、充满同情和默契的交换关系，她的目的显然不是为了赚钱。不久，她就关门了。原因大家都很容易明白。

在难得的空闲时间里，我也去野外玩，雷默的斜坡、小岩石和库瑟隆小村，我姑姑马蒂尔德和她的两个女儿就住那里。后来我还去了德雷蒙附近的舍尔特两岸，那条河注入比尔斯河。这两条河在下大雨时都很可怕，它们会溢出河床，破坏土地，淹没地窖。男人们跟它们斗厌了，便把它们永远关在了墙壁和堤坝中间，让它们失去了疯狂。

村子东头，卧躺着我当时觉得非常广阔的平原，其实那只是库朗德兰、维克和库鲁之间的一个三角地带，只有几平方公里。贝尔里夫——它过去这样叫，现在还是这样叫——种着小麦和其他农作物，一条运河从上面穿过。今天，由于人口剧增，那平原已经显得太小太小了。夏尔舅舅要等到收获的季节才会让布罗凯家的孩子去那里捡麦穗。必须傍晚甚至月夜去，我后来才知道舅舅不好意思派外甥们去那里拾穗。我和兄弟们躲开收麦子或打麦子的人，或趁他们不注意，扛着整袋的麦穗回来，里面有沉甸甸的麦子。然后就打麦子，把麦粒收起来。我也负责去村里的磨坊磨面，磨坊就在河边。磨坊住着一个诚实的男人，对我来说非常重要，他有时带我参观他的磨坊，大大的叶片不停地转动。他名叫麦特尔·皮埃尔，跟战歌中的名字一样。然后，我用车拉着几大袋面粉离开磨坊。收获季节结束的时候，这些面粉够全家吃几个月了。纯麦面包很香。

我们不再挨饿。永别了，法国。我们对那里只有心酸的回忆，除了达尼埃尔和戴戴，他们太小了，记不起来。但在法国，人们却把我们当作是小德国人，因为我们来自瑞士，我父亲讲德语。

年底节日期间，爱发牢骚、总是嘀嘀咕咕的亚森和他总是笑眯眯、脾气一直很好的同母异父兄弟夏尔说好，要杀兔子。那真是盛宴啊！女邻居找猫白找了，"兔子"的味道好极了！

有时真的要让我来杀兔子和鸡。我讨厌这活儿。兔子的脖子我砍得不够用力，它不停地扭动身体。至于母鸡或火鸡，我记得有一次，我没砍死，结果火鸡满村子跑。长长的脖子垂着，滴着血。从那天起，亚森就把我当作废物，至少在杀家禽家畜方面。他向我低声抱怨道："回去读书吧，你只会读书！"

****

多亏了那位女教师，我现在识字了。我要换班了，离开原先的班级，离开玛雅小姐这个和蔼可亲、善解人意、乐于助人的年轻女教师，调到皮布老师的班里。皮布对我可不好。换班了，并不意味着我有很多书读，那样的话，学校必须要有图书馆才行，但它没有；或者要有村图书馆。我想不起来哪里有。德雷蒙有，但毕竟有点远。只有几个所谓的当地人有几本书，而且，那是一种奢侈，只有富人才有。

家里也没有。当然，除了《圣经》和《跛脚的信使》，后者是一种人物历书，从1708年开始出版，家家户户每年都能收到。其实那不是书，而是一种传统。

2006年版《跛脚的信使》封面

在去学校的路上，住着一位老妇，至少我是这样看待她的。她常常站在门前，尤其是在放学的时候，看着孩子们经过。大家都叫她"波兰女人"。在很长的时间里，我都以为那就是她的名字。她很丑，至少表面上看起来是这样，她穿得很难看，好像还酗酒，像"波兰人"那样，意思是说，如果不比汝拉山区的人能喝，起码跟他们一样能喝。孩子们都嘲笑她，村民们也看不起她，完全无视她。

一天，我问外婆：

"外婆，她的名字叫波兰人吗？"

"当然不是，小傻瓜。波兰是一个国家。那个女人是从那个国家来的。我不知道她的名字，因为太复杂了。你可以问问她，她又不会把你吃了。"

"她真的像男人一样喝酒吗？"

"这肯定是假的，我从来没有看见她醉过。那是一个有文化的女人，因为是犹太人，所以不得不逃离自己的国家。我希望你能尊重她。"

后来，我得知了她的名字，当然没有记住。同时，我也了解到，她在自己遥远的国家里是位伯爵夫人。就在战争爆发前，她和丈夫决定逃离波兰来到瑞士。后来，她丈夫去伦敦找戴高乐去了，她可能再也没有见过他。这么说，她不是那么野蛮，也不会像人们让我们相信的那样充满敌意。有一天放学，我刚好慢慢地经过她家门口，便对她说：

"你好，夫人。我是弗勒里夫人的外孙。"

"我知道，我甚至知道你的名字。"

她漂亮的口音让我大吃一惊。她问我是否喜欢上学，是否喜欢女教师和书本。在这三样东西里面，我最喜欢女教师。至于书嘛……什么书？我怎么会喜欢书呢，因为我都没有书。如果有书，我也得不到。

我就是这样跟她说的，结果，这个女人借给了我第一本书。

如果我没记错的话，我想那是埃克多·马洛①的《苦儿流浪记》。那本书把我看哭了。于是我开始对书产生了兴趣，对书的爱好从此以后再也没有离开过我。我想，这一点，我还要感谢那位夫人。我不知道她是否真是伯爵夫人，也不知道她是否有孩子。我想应该有吧，因为她有很多藏书，其中有不少童书。我还知道，她曾经是一位贵妇。她借我书，作为交换，我也为她做点小事，比如替她跑跑腿，去奶制品店或面包店帮她买东西。

外婆不时地给我一点零钱，我买了一个"褐色头"，那是包着巧克力的慕丝甜食。这个名字早就不用了，不知道为什么。

总之，由于那个女人，后来，也由于那个书店店主，我读了一些书，比如于布莱老爹和塞居尔伯爵夫人的小说，当然，还有其他许多书，绿皮丛书中的名著，《一千零一夜》《伊利亚特》《奥德赛》等。

不管表面上看起来如何，对我母亲来说，生活仍很艰难。她没有别的选择，只能把她的三个大儿子安置在农村里，拿当时的话来说，是"当农民"。那样，我们至少能靠劳动填饱肚子，能上学。

后来有一天，母亲接待了一位很时髦、很和蔼的先生，他讲德语，但也能熟练地使用我们的语言。

克莱阿尔先生是缆车站旅馆的老板，旅馆就在埃维拉

----

① 埃克多·马洛（1830—1907），法国作家。

的缆车站旁边。埃维拉是比安城和比安湖上方的一个小旅游点。天气好的时候，那里的风景十分美丽，可以清楚地看到伯尔尼和沃州的阿尔卑斯山，它有时会从覆盖着整个瑞士平原的雾气中冒出来，让人觉得山在云上飘。将来有一天，我能去那些被我看作神话的神秘的山中看看吗？

这位先生想带我去他家，送我上学，负责我的教育，让我读书，把我当作他的儿子。他和妻子没有孩子，这似乎成了他们生活中的悲剧。通过我弥补了这一缺憾，他们想，就能解决夫妻的所有问题。

母亲说："不可能。你带走一个，就要带走另一个。"她指的是米歇尔，"他们俩关系好，分不开。"

分不开？说得好听！我们老打架。母亲继续说："而且，您知道，我需要一点钱。"

那个诚实的人当然知道。于是，几天后，他开着漂亮的汽车把我们接到了那个我当时觉得那么遥远又那么美丽的高山村庄。大家都很高兴。我们整天在山里跑来跑去，看着漂亮的旅馆平台上的游客。当时是夏天，也就是说是假期。对我们来说是第一次度假。

但缆车站的站长老向克莱阿尔夫人献殷勤，他们有时会消失在地窖或厨房里，就在她丈夫的鼻子底下。职员们，甚至连我们兄弟俩都知道，除了那个诚实的旅馆老板，至少表面上看起来是这样。

几个星期后，克莱阿尔先生把米歇尔送回家里，对我母亲说，他想收养我。母亲犹豫了一会儿，拒绝了他，把我接了回去。米歇尔很快就被波朗特吕附近布尔村的一个农民收留了。不久，我被送到同一个村里一个绰号叫"小路易"的农民家里。必须自己谋生。至于我哥哥雷蒙，几个月前他就已经被索勒尔的一个农民收养了，他学会了很好听的瑞士索勒尔方言。

我和弟弟不时去学校里，他经常在那里寻架，对自己的拳头充满骄傲和自信，而且总是不让我插手，除非对方有三人以上。

****

对我来说，书当然是一件极想要的东西，但可望而不可即。家家户户都没有，毫无例外，村里也没有图书室，更没有流动图书馆。小学教师对我们不感兴趣。要上学，首先必须"跟在他屁股后面"，乡下人是这么说的。这并不是说一定要这样做，总之，还没到那个地步，而是要在小路易和他老婆挤牛奶的时候把牲口栏扫干净，把家畜喂饱。

有一天，突然发生了一个我永远也忘不了的悲剧。小路易和他老婆（他们对我都很好，从来没有虐待过我，总是让我吃得饱饱的）遭遇了他们人生中的一个悲剧。他们有两个年龄不大的孩子，一个6岁，一个8岁。我离开那个家庭以后，大的那个从四五米高的运干草的大车上摔了下来，车子当时停在谷仓门口的石板路上。他昏迷了三天多，当母亲的疯了，再也没有恢复过来。至于那个当父亲的，他陷入了深深的抑郁，我不知道后来怎么样了。

几个星期后，我有幸跟前来给我们讲教理课的牧师说了这事，当时，所有的学校都必须上这门课。像我在人生道路上有幸遇到的其他慷慨的人那样，他也把自己的书借给我，并且让我去参观他的书房。我想，他是村里唯一拥有书房的人。

阿茹瓦区的这个村有两支军乐队，一个拥护共和党，我估计都是保守派；另一个拥护自由党，如果不是社会主义者，那肯定是自由派。星期天下午，两支乐队有时会在村里的主干道上游行，吹着不同的军乐。当两支乐队相遇时，便会响起噪声，况且双方都想比对方吹得更响，大家都有自己的啦啦队，鼓掌并大声地鼓励他们。

家里发现了一个好办法，可以让我们看看瑞士的其他地方，同时也是去旅游。不是说，旅行能锻炼年轻人吗！根据我自己和我的兄弟们的经验，我并不同意这种说法。总之，在那个时期还不行。后来当然啦！锻炼的主要是肌肉，扭曲的是性格。一切都会经历：希望和怨恨，孤独、被抛弃感和反抗，有时，也会有一些罕见的美好时光。

在小路易家里，我每周有几个小时的自由时间，星期天下午……用来看书或到田里去逛逛。晚上，主人有时也允许我就着蜡烛看书，这样，第二天干活就没那么累。那个男人很好，我凌晨4点就开始干活，他允许我干完活之后去学校，哪怕已经开始上课，校长也知道有这种情况的并不只我一人。

收获牧草的季节到了，学校也放假了。放假了！干活的时间有时会延长到很晚，开始得很早，天不亮就开始。要洗得干净，就得到河里去，不管是晴天雨天，也不管是冬天夏天。没有肥皂？这没关系，小河的两边全是淤泥，那可是上等的肥皂。

尽管我弟弟所待的那个家庭，有个小姑娘对他很好，尽管他早熟，他还是离开了，逃离了那个让他比我干活还要多的地方。他充满了反抗精神，自救的胆量比我大得多。在夏季，活多得要命，我很少能见到他。他成功地劝动了我，我们只有一个办法，那就是趁礼拜天做弥撒时逃走。我们没有进教堂，而是假装在教堂前面的广场上溜达。我跟弟弟一样去了农场，然后在村口见面，那里已经成了我们俩的出口。为了不让人发现，我们在田野和牧场上走了好几个小时，一直走到波朗特吕附近。

只是，要吃东西，光从果园里偷几个水果是不够的，于是我们决定拦车到外婆家。我们还太年轻，无法周游世界历险，尽管那原先是我们的计划。我们到了外婆家，她像往常一样平静，但嘴边没有露出微笑。不过，这种情况她不是第一次遇到。至于我母亲，她当时也在场，她担心死了，因为我们没想到，几个小时后，那两家农民见我们没有回去，就报警了。所以，等待我们的不仅仅是我母亲和外婆，还有警察。外婆把警察打发走了，对他们说，她会想办法处理那两个胆大的小子的。

2. 在瑞士磨难

在安茹瓦，对我和我弟弟来说，都应该是很幸福的。我后来是这样想的。

几天后，我乘火车独自一人到了明兴布赫塞，那是离瑞士首都伯尔尼15公里处的一个农业重镇。我弟弟一直很勇敢，也很反叛，已经跑到赫佐根布赫塞。他很快就爱上了一个女同学乌苏拉·安德雷斯。在那个年龄，他不可能不注意到她。

伯尔尼人过去曾大大地征服过周边地区，有时也踏足瑞士的其他地方，他们是欧洲最勇敢最强大的部队，个个身体强壮，做事和做人都如此，冷漠而果断。没什么人情，至少这是我的初步印象。

我被送到一个做奶制品的人家里，他看上去就是一个干活的人。伯尔尼深谷里的熊站在他旁边也像只羊羔。我从来没有见过他笑，也没听过他对老婆和女儿说过一句温柔的话，更不用说对我和他的狗了。在魁北克，人们会把他当作笨蛋，他也确实是，从各方面来看都这样，他就像一个80公斤的石磨。他做的榛子味道的奶酪非常好吃，与此相反，他这个人却粗糙得很。这种看法也许是误解。但由于没有其他人手，我得说，他还是让我吃了不少苦。不过，在干活方面，这个没有文化的粗人总是亲自带头。他早上起得很早很早，每天如此，一直忙到深夜。他在村里很受尊敬，他有一家小店，开在村中的广场上，他老婆和女儿在那里卖奶制品。我记得最清楚的是白巧克力，我一年都吃不上一条，更不可能收到一条。我到他家后不久，就计划哪天去砸烂他的橱窗玻璃偷一条。这至少是我能做到的。

我在那户人家里待了整整一年。在那个奇特而充满敌意的世界里，我看不到前途，我当时是这样认为的。后来，随着时间的推移，我终于理解了那些人。冷酷、傲慢，但很诚实。他们尊重所有的权威，有时也能表现出一点善良，如同我们每个人一样，所以我最后原谅了他的粗暴行为。首先是因为他有一个可爱的女儿，而且很漂亮；其次是他有一只漂亮的德国牧羊犬，它很快就成了我唯一的朋友。也许是这个原因，这个家庭唯一让我记住的名字，就是那只狗的名字：阿尔罗。很多年后，当我在魁北克决定买德国牧羊犬时，我也给它取了这个名字。

至于那个年轻女孩，当时她刚从丹麦回来。她在那里待了几个月，想向人证明，维京人制造的黄油比伯尔尼人制造的黄油好。她从那里带回了搅奶油和合成的新技巧，使她的黄油味道更好。

丹麦黄油的颜色是黄的。我们的那个奶酪制造者，当着我这个在他看来应该是学徒的人的面，接受了这种制造方式。起初，老客户们看到村里唯一的奶制品商引进外国产品，态度都很保守。但有什么办法呢？食欲很快就战胜了对当地传统的忠诚。

我在家里负责送牛奶，5点起床去送奶。夏天，我把阿尔罗绑在大车上，冬天则用雪橇。我得在村民们前一天晚上放在门口的容器里装满一升或几升宝贵的牛奶，8点左右才能干完，用来送奶的所有罐子都必须清洗干净。一天，那个大个子东家检查发现我的活没干好，便扇了我一个大嘴巴，让我撞到了盥洗处的墙上。请相信，那是一个伯尔尼式的耳光，我记得很清楚。我后悔了很长时间，怎么当时没有扑上去掐他的喉咙。

不过，他应该还有点人性，产生了一点很难得的小小内疚，因为有个星期天，他给了我13到16个小时的假。

我利用那段时间花掉了我一星期来收到的小费，在缆车站的小卖部买"黑头"吃，一毛钱一条。

我的双手总是流血，可又不能戴手套，因为这对牛奶来说不卫生。总之，东家不让我戴，我也没有手套。这痛苦持续了一整个冬天，因为我得用手把盐撒在石磨上，直到它渗到奶酪中。我就像圣比奥神甫①，一个真正的圣伤者。可惜我没有圣灵！在最艰难的时刻，小学老师好心地让我别读书了，我也确实没法读书了。

东家赫尔·穆勒（这个名字我应该没记错）也送奶。他

---

① 圣比奥神甫（1887—1968），意大利天主教神甫，1918年起终身携带圣伤而广为人知。

要去附近富裕而且总是非常干净的农场去，把早上制作的产品放在他改装过的旧雷诺汽车上。他在车尾绑定了几块坚固的木板，用来安放装了80升宝贵牛奶的铁罐。晚上挤奶后他还要再去一遍。说起劳模，他算一个。

作为交换，穆勒有时答应可以给我一天，回去看看那些"维什人"，讲德语的瑞士人用这个含有贬义的词来指讲法语的瑞士人和其他讲法语的人，那些没用而懒惰的人。但他从来没有兑现过自己的诺言，"活太多了"，他总是这样说。

我常常写信给我母亲，要她来接我。如果可以的话，我愿意回小路易家。她无法回答我，因为她不知道拿我怎么办，不知道怎么对我说。我从来没有这样恨过她，竟然这么长时间保持沉默。怎么办？忍受？绝不！而且，我的雇佣期是一年，这我记得很清楚，我掰着指头过日子。狗和学校给我带来了一些安慰。我开始学德语，高地德语①，德国大部分居民所写和所讲的德语，和伯尔尼、苏黎世、圣加仑人讲的德语，即瑞士的德语方言很不一样。

阿尔罗是一个强壮而忠实的伙伴，现在，任何人接近我它都会露出獠牙。我跟它讲瑞士德语，它能听懂。我教会了它越障和一动不动地站在我旁边。中午和下午4点，它都会飞快地跑到学校去，坐在那里乖乖地等我。我每次放学出来都能见到它，这种重逢对我们俩都是一种巨大的快乐。有一小群人一直想揍我，后来也不敢了。有一天，穆勒准备向我发火，阿尔

---

① 高地德语，泛指今日的标准德语及各种德语方言。

罗马上就咆哮起来。老弗里茨也同样，不敢再找我麻烦。一个星期天下午，我难得休息，便去农庄那边溜达，现在越障已经很熟练的阿尔罗，突然向一群羊追去。我使劲地叫它，喊它，但毫无用处。几秒钟后，它就咬死了一头羊，骄傲地回来向我显示战绩。奇怪的是，穆勒并没有指责我和狗，而是赔偿了那个农民的羊，那个农民其实是他的供货商之一。

在学校里，老师很愉快地接受了我，班里没有一个学生讲法语，如果要到那个我觉得如此不友好的国家去生存，我可以对付，而且很快能适应。舒马勒先生是个有教养的人，很博学，法语讲得无可指责，没有一点口音。他和蔼地跟我讲述了这个世界上的事情，很少用法语，因为我必须学会德语。不过，他坚持让我继续学法语，如果我不想一辈子送牛奶的话。所以，学起瑞士德语这种有点敌意的语言时，我就有点勉强了。在那个地方，如果你听别人讲话，你会觉得他们都很不满，具有进攻性。其实，那是他们的说话方式给我们造成的印象，有点像日本人。瑞士德语随着地区的不同变化很大。如果我学伯尔尼话，我就很难听懂图尔高州和阿彭策尔话。所以，最好还是讲好德语。相反，瑞士讲法语的人所讲的法语很好听，比如在汝拉山区，沃德地区的法语则伤感而悦耳。

有时，我觉得自己永远也走不出这充满敌意的世界。我必须离开这个地方。有一天，我终于大着胆子，跟老师说了。他理解，但爱莫能助。他借给我几本他书房里的书，那些书对我来说太高深了，但无疑让我瞥见了伯尔尼乡村以外的世界。

所以，不要失望。

不过，伯尔尼地区非常漂亮，可以感觉到那里很富裕，很繁荣。景色的温柔与拼命干活的居民的粗鲁形成了鲜明的对比。

许多农庄，往往都是散布在风景如画的乡村中的大屋子，屋顶尖尖，两翼张开，往往有好多层，每层都有雕刻着图案的阳台和许多窗户，窗前摆放着无数花盆，上面盛开着天竺葵。墙面，甚至屋檐下也同样，前辈用哥特体刻上了《圣经》中的名言或是先人的名字。伯尔尼的乡村过去是现在还是一个真正的花园，让人觉得每朵花开得都是地方，甚至连动物都干干净净的。

伯尔尼的农舍

在中世纪，伯尔尼是一个王国。几百年中，它不仅管辖附近地区，还管辖它的盟国。在首都豪华富丽的大建筑里，那些不苟言笑、表情严肃的人让萨瓦公爵、意大利的王子甚至法国的国王们不寒而栗。当然,脾气暴躁的勃艮第公爵,绰号叫"大胆王"的查理曾试图征服瑞士人,尤其伯尔尼人,但没有成功,他不可一世的骑兵部队在离伯尔尼不远的莫拉湖畔被消灭了。

如果有一天,你经过那个仍筑有防御工事的漂亮城市,别忘了看一看与城市同名的那个湖的颜色。它有的地方仍是红色的,流淌着"大胆王"的士兵的鲜血,这至少是莫拉湖畔的居民的说法!那个勃艮第人没有吸取教训,溃败之后不久,又组织了一支军队,但又被瑞士与洛林的某些联盟所灭,或在南锡地区被狼吃掉。弗朗索瓦一世不想重犯那个大胆而不幸的公爵的错误,而是等待时机。瑞士人在马里尼昂和隆巴迪被法国国王的骑兵打败,但国王非常害怕那些勇敢的战士,与他们签署了永久和平协议,成了永远的朋友。当然,拿破仑是不这样看问题的。

尽管有这"小小的失利",伯尔尼仍继续凭借其军队和代表国王执法的大法官长期统治着附近地区。那些"伯尔尼的先生们",人们是这样称呼他们的,拥有阿戈维和沃德地区、萨瓦省的一部分、米卢斯地区以及今天瑞士其他地区的许多要塞。他们把自己的保护范围扩大到许多盟国,比如巴塞尔教区。现在,如果说政治的变化已经改变了其边界,伯尔尼仍以自己的方式统治着世界。不过,这是另一个故事了。

我们再说说明兴布赫塞的事！

终于，我跟奶制品商的一年合约到期了，我赶紧离开这个对我来说永远陌生的瑞士地区。在那里，我只结交了一个朋友：阿尔罗，也就是那只德国牧羊犬。

我待在那个富裕但劳动很辛苦的美丽角落时，从来没有去过伯尔尼，尽管离那儿只有几公里。古老的伯尔尼是一个漂亮的城市，12世纪由扎林根的公爵们所建，非常威严，不过很有品位。它建立在阿尔河湾，所以三面易守，至今仍保留着中世纪的那种强大气场。

它的拱廊是用砂岩建的，跟它的姐妹城弗里堡和莫拉一样（比它小，但很像），非常特别，人们可以连续几个小时穿城散步，哪怕是在下雨天。

千万不要错过钟楼，那是1191年建城时在市场路的尽头建造的。伯尔尼最吸引人的地方之一，是它有无数喷泉，足有100来个，全都非常漂亮。说它们是世界文化遗产，一点都不夸张。

很久以后，当我回到家乡，如果有时间，我都会去伯尔尼"转一转"，看看它的拱廊、它的天主教教堂、它的喷泉，在它铺着石头的小路上走一走，看一看市政厅，当然，不会忘记去熊洞，那是伯尔尼的象征，它的名字就是从那儿来的①。

---

① "伯尔尼"这一名称从德文"熊"字演绎而来，德语中"熊"一词的发音是"拜尔"，后渐变为"伯尔尼"。传说12世纪末，统治瑞士中东部的扎林根公爵决定以打到的第一只野兽作为城市名，结果打死一头熊，于是以"熊"字为该城命名。

我整天待在村里，待在高高的山上，所以，天晴的时候，我可以看见阿尔卑斯山的中低部和伯尔尼的那部分阿尔卑斯山。那些山将永远吸引我，那是世界上最美的山，它们如此灿烂。从村里望过去，它们离我们非常近。我真想去那里走走，爬上某个山峰，征服它们。对我来说，这是另一个梦想，我想我永远实现不了。幸运的是，我弄错了。

许多年之后，我经过明兴布赫塞时，停了下来。那里有两个银行，早年并不存在。奶品制作坊还在，我走了进去，要了一条白巧克力。一个棕色眼睛金色头发的女孩接待我，并用法语谢了我。她也许是弗里茨的孙女。当时里面还有其他客人，我便走了出来。我没有被人认出来，我也没有打破橱窗。我在村里的小路上走了很久，路的两边有一些威风而漂亮的房子。在这个把我囚禁了一整年的地方，我没有感到任何苦涩和悔恨，我甚至对这些人抱有一些同情，他们与别人那么不一样，那么"瑞士化"，我现在换了一种目光来看他们。

不过，如果说我曾有童年，那确实是在那里结束的。

在这期间，我母亲离开库鲁，回索耶尔去了。外婆总是很惊慌，舅舅们跟她关系也不好，她是12年前去法国的，她不得不同意让我跟她一起生活，但我知道，她没有办法留下光会吃饭的人。我必须找到一个解决办法，免得成了她的累赘。

3. 初涉文学

就这样，我结束了在德语地区的考验，可以说，学会了谋生，用当时的话来说，是"到位"了。在汝拉山区的人看来，我是个勇敢的人，况且我是在德国人（瑞士德语区）当中学会的。不过，在我看来，以这种方式来学会生活是不足取的。也许，它将有助于我更好地了解其他瑞士人，我们的同胞，他们吃苦耐劳，重视自己的价值和传统，而且严肃而坚决，但我不这样看。

这一页能翻过去吗？那种生活给我的影响太大了，我永远无法忘记。

也许是由于我们的财产管理人夏尔·梅特纳先生帮了一个小忙（他替我们管理法国政府发给我们的钱），也许因为我识字，认识几个德语，我进了德雷蒙的高等商业学校。由于我缺了许多课，我拼命地赶，终于通过了考试，勉强及格。校长是一个表情严肃、身材魁梧的人，很快就让人肃然起敬，他信誓旦旦地对我说，我得加倍努力，他帮了我的大忙我才入校的。他第一次见我就这样对我说："小子，你得在这里证明自己。不许再贪玩了。"

证明我自己，这毫无疑问。但贪玩，就我而言，确实不存在。我确信他知道这一点。

夏尔·梅特纳先生负责管理我们家中每个成员的那份钱，我不知道是谁委托的，也许是村公所，在我母亲的同意下。他跟我母亲商量好，慢慢地发放我的积蓄，让我能交学费，应付日常所需。这笔数目不大的钱足以让我生活两年，我甚至还得到了一点零花钱。对我来说——我还记得——风向变了。该轮到我了，因为我的两个兄弟已经走向其他道路，原因很简单，他们觉得没有希望了。随着时间的推移，他们在物质生活方面是能改善的，但心理方面却不可能了。

母亲和外婆为我骄傲，但她们不断地提醒我要提防那些祸害，说那些东西会危害"今天的青年"，比如游手好闲、酗酒，当然还有姑娘。她们俩都唠叨说："别去参加村里的庆典。"

喝酒会让我难受，但我喜欢村里的节庆，喜欢民间舞蹈和手风琴。而且，在那些庆典上，常常有身材高挑面容姣好的女孩，她们教会了我跳探戈。我最喜欢探戈啦！

除了商界实用的科目，学校也教其他东西，其中包括我喜欢的历史、地理以及文学和社科。我终于可以不用被迫地学东西了，这甚至成了我给自己规定的一种不可推卸的责任和义务，甚至可以说是一个约定，我必须遵守。我在想，尤其是在开始的时候，我是否能学好。

学校有个图书室，多年来，书越来越丰富。老师们总是鼓励我们去那里，并常常带我们去，课前课后我们都爱去那里看书。我对书的爱好在那个地方上了一个新台阶，在前往巴塞尔路上的这个德雷蒙小城。

离学校不远，在旧城墙里有一家叫作"科宁格"的书店。只要我瘪瘪的钱袋允许，我就会去买几本适合我那个年龄阅读的文学书。有时，我想买别的书，却遭到书店老板的拒绝。我想起来，我有一次拿了一本《红与黑》去柜台，他不卖我，后来《梵蒂冈的地窖》也同样。

小城的墙外，刚刚开了一家兼作图书馆的书店，只要花上几分钱，就可以租到一本旧书，有时也可以用极低的价格淘到宝贝。从来没有人要的名著往往就这样找到了归宿。这并不是什么新鲜事。很多年之后，我还回忆起这个给我带来许多快乐的旧书商，但这也可能会让许多作者失望。早就这样了。

由于对书的强烈热爱，我认识了许多没学校里遇到的那么严肃的人。我贪婪地读大仲马、司各特、于布雷老爹及其他许多作者的书，我的新朋友叫作艾凡赫[1]、布拉热洛纳子爵[2]、罗伯·罗伊[3]及"勇敢王子"[4]，我投入到了几个世纪前大众作家的伟大时代。必须经过那个时代吗？为什么不呢？不要否定我们少年儿童时期的阅读。

---

[1] 艾凡赫，苏格兰作家华特·司各特爵士1820年发表的同名长篇历史小说中的主人公。

[2] 布拉热洛纳子爵，大仲马同名小说中的主人公。

[3] 罗伯·罗伊，司各特同名小说中的主人公。

[4] 哈罗德·弗罗斯特创作的关于美国历史的连环画，自1937年开始，每星期天出版。

但由于书不够读，我又热衷于到野外去玩了，这对我的学习来说很不利。

在索耶尔和德雷蒙之间的河湾旁，矗立着我前面说到过的沃布尔小教堂。应该说那是一座真正的教堂，因为它面积不小，过去和现在都是一个不同寻常的旅游点。

几百年来，下面沿着河流和铁路蜿蜒的小路，走过无数进犯者。20世纪30年代，光荣的瑞士军队埋地雷炸了这个圣地下面的岩石，也许是为了隔断道路，不让德国侵略军通过。

不过，我还有比城堡废墟和教堂四周更好的阅读角。对面，船闸的右边，德雷蒙的方向，也就是河的另一边，有一个漂亮的岬角，除了猎豹、蝰蛇和寒鸦，谁都上不去。

那是我的窝，我的秘密据点。下雨天，我甚至还有一个小洞穴可以躲雨。当学校上代数、对数甚至所谓的意大利式的会计法时，我便装病，跑到我的岩石上去散心。母亲完全不管我。我有时"忘了"回家，直到天黑才离开我的那个小小的天堂角。可惜，我模仿母亲的签字太多了，于是，先是校长的口头警告，随后书面通知也寄到了我母亲那儿。我总是在星期三"生病"。

教我文学的老师布莱斯先生也教训我。我该认真一点了，所有的科目都要学，不要老看课外书。我现在还能回想起那位老师和蔼的脸，我永远忘不了他的博学和耐心，他上的课总是非常有趣。这是一个小个子的男人，消瘦，声音细细的，也不响亮，但这些"缺点"好像并没有影响他的讲课和他吸引学生注意力的能力。他有丰富的教学经验，大家都尊重他，所有的学生，甚至包括他的同事，都佩服他的学识和他传授知识的热情。

我早就忘了校长的名字，甚至已经想不起他的模样。他应该是教会计学的！可天知道我以后是不是用得上这门学科。

不过，我永远不会忘记班里最漂亮的那位女同学的面孔和名字。她总是笑盈盈的，弄得我总以为她是冲着我笑的。但我还没有到恋爱的青春期，所以我能履行对老师们的承诺，满足母亲的期待。索尼娜永远也不知道自己是班里最漂亮的女生，至少在我看来她是最漂亮的。

也是在这个时期，我发现了瑞士的法语文学。我已经读过许多法国作家的书，瑞士的法语作者面对法国作家表现出来的冷漠和洗白还是让我感到有些吃惊，当然，是对法国及其一切文学财富。但我现在发现，除了法国的法语文学，还有别的法语文学。瑞士的法语文学非常特别，比别的文学"土"，它非常忠于地方传统，对景色充满了爱，内容丰富，充满诗情画意。若干年后，我意识到它跟魁北克文学的区别要小一些。我们的作者深深地表达了他们对传统、对土地的热爱，表现出他们的外省情结，也许还有点缺乏自信，有点伤感。有的作家还有生活困难，这是许多诗人的状况。

就这样，我读到了《泰博朗斯》，夏尔–费尔迪南·拉穆兹[1]的一本很棒的小说。简朴的热情、漂亮的描写以及我称之为"农民"的风格，使这个作者成了我们的经典作家。而

---

[1] 夏尔–费尔迪南·拉穆兹（1878—1947），瑞士作家、诗人。

且，他的作品进入了"教学大纲"。很多年后，我买到了他的一些由"七星文库"①出版的小说。后来，我去了《泰博朗斯》所描写的地方。

1714年9月，塞克斯–迪亚布勒雷山②（在瓦莱方言中，塞克斯意为"岩石"）发生地震，山石滚到了一个有着美丽名字的牧场——泰博朗斯。拉穆兹根据这一事件写了这部小说，以下是这部小说的精彩片段：

泰博朗斯，这个名字非常悦耳。它在你的脑海里歌唱，很温柔，有点忧伤。开始的时候很残酷，很显眼，后来犹豫了，掉了下来，而人们还在歌唱它。泰博朗斯，白白地结束了，好像想以此表示毁灭、孤独和遗忘。

人们在瑞士法语区听到这个名字，立即就想起了拉穆兹，这是对这位诗人最大的奖赏。大家往往不知道它与山的关系。那是一首歌还是一个女孩的名字？泰博朗斯，也是诗人的名字，我几乎可以这样说。

20多年后，拉穆兹还出现在我家，至少是在我的书房里。我跟我的朋友、《图书俱乐部》的出版人阿贝尔·梅尔穆的合作，将给我打开许多扇门，我待会儿会说。今天，与书打了50多年交道之后，看到这位洛桑大诗人的作品，我仍会感到

---

① 法国伽利玛出版社的著名文库，专门收入经典作家的作品。
② 塞克斯–迪亚布勒雷山位于瑞士瓦莱州。

很兴奋。我最近读了《发现世界》和《复活节的歌》，都是很不错的书。

至于《诗人的道路》[①]，当我来到加拿大时，小小的行李中就装了这本书。那是临行前，一个女性朋友送给我的，她是十足的拉穆兹迷。

索尼娅知道我喜欢书，也知道我对她的友谊和欣赏。如果她提出要求，我本来是可以取消我的美洲之旅的。在我遇到弗朗索瓦丝之前，我们交换过一些非常纯洁的书信，后来我就再也没有见过她。她在书上的题赠是1958年4月23日。

几年后，《图书俱乐部》的编辑阿贝尔·梅尔穆成了我的瑞士朋友之一。他后来养成习惯，把作者寄给他的信或便条收入他跟他的加拿大代理人（我后来成了他的代理人）的通信集中。所以，重读那些通信集，让我发现了莫里斯·德鲁翁、C. F. 朗德里、亨利·米勒、安德烈·桑松、拉穆兹和瑞士最著名的画家汉斯·恩尼签名的便条，在许多年当中，瑞士银行的钞票都是用他的作品来点缀的。

那些资料始于20世纪四五十年代，我是打开《复活节的歌》时发现的。汉斯·恩尼是在40年代的一个星期六给梅尔穆寄信的。由于读书，我进入了一个新的世界。这个世界，我后来再也没有离开过。

---

① 这几本书均为拉穆兹的作品。

汉斯·恩尼"原画"（作者的收藏）

　　我从来没有否认过自己的农民出身，也没有否认过自己在农场和奶制品作坊干过活，但这些都已经非常遥远了。由于书，我遇到一些惊人的、有趣的、优雅的、有时独特的人。沉浸在书的世界里，我可以发现广阔的天地，可以旅行，看见山峰和美景。而这些，过去做梦都想不到，如果说我有时梦到，现实也往往相反。书已不仅仅是一个伙伴，而将成为一种生存方式，一种巨大的快乐源泉，也将成为痛苦和许多困难的原因，我已无力从中自拔。我写这几行字的时候仍然如此，但我心里感到无比舒畅。

但在当时——我那时十六七岁——当然只能读书。我存了一点钱，买了一辆自行车。从此，我可以骑着我的自行车在汝拉山谷中穿梭，在野外探索，穿越风景美丽的村庄，发现我的家乡。买了自行车以后不久，我就敢出远门了，去巴塞尔、比安甚至纳沙泰尔。

母亲还是不大管我。我两个哥哥的荒唐事够她忙的了。如果我离开一两天，她根本就不担心，也不在意。有一天，我对她说：

"我想假期去巴黎，但没有钱，所以想骑自行车去，行吗？能给我几个法郎吗？"

她回答我说："你知道我没有钱。这是10法郎，无论如何，你没出边境就会回来。"（如果走小路，法国边境在40来公里的地方，去巴黎要650公里）

去巴黎用了我整整一个星期，我在那里只待了几天，回来的路上，花的时间要多得多。我永远记得这第一次长途旅行，随身带的几个法郎，只够我生活三四天。后来，我在果园偷水果吃，睡在林边或田里，甚至睡在草垛上。遇到农场，我会停下来，帮个小忙，换口饭吃，跟农场主套个近乎，他们往往把我当作流浪汉或是逃学者。想到要见到巴黎，我感到非常兴奋。多么美好啊！繁忙的生活让人向往。我什么都想看，然后跟那些似乎总是匆匆忙忙的人说说话。在那里，我睡在桥底下，头枕着自行车的坐垫，怕车被人偷走，后来又睡在街头。我记得，在一条大街上，我遇到一位可爱的夫人，她问我：

"孩子，你愿意跟我走吗？"

有的人说，巴黎人不热情！不应该听人乱说。

对于我的道德来说，非常不幸，也许是万幸，她愿意给我提供服务，问我要100法郎（旧法郎），可我没那么多钱。我不知道她说的是什么服务，因为是我陪伴她，免得让她遇到坏人。我告诉她说，我只剩下几个法郎了。她还是很和蔼，要我回到桥底下去。我心安理得地照办了，一直很坦然。

第一次从那座光明之城回家，我没有经过洛林，还是从勃艮第走。我总是睡在美丽的星空下，一大早醒来时，发现四周全是流浪汉（茨冈人、游民、无家可归者）。吓死我了，因为我头脑中还是村民们的那些观念，认为全欧洲的流浪汉都是那个样：据说，他们抢人家孩子，然后逃得不见踪影；还说他们全是贼，为了偷你一匹马，或者自行车，不惜割断你的喉咙。可是，现在这些人不是正给我吃的，无微不至地关心我吗？

而且，我已经不是个孩子。我整天跟他们待在一起，听他们唱奇特的歌，回答他们的问题。我差点心动，想陪他们永远流浪，走遍整个欧洲。他们似乎喜欢孩子，孩子们到处乱跑，在这个小团体的所有成员身边都显得无拘无束。从此之后，我一直对茨冈人，这个热情而无家可归的民族抱有好感。今天，我们还能在村边或某些城市的边缘见到他们，尤其是在法国，那里似乎比别的国家对他们更宽容。现在，只是摩托旅行队或汽车队代替了马匹和木车轮。

我母亲又搬家了，但还是在索耶尔的村里。现在，她住在村学校的三楼，二楼的一部分住的是小学老师B先生。

　　那是一个好老师，小学各年级都归他管，因为全村只有一个班级。他很喜欢孩子，但有点太喜欢高年级的女孩了，尤其是坐在最后几排的女孩，其中当然包括最漂亮的那个女孩。

　　B先生常常向她弯下腰去，当然是想看看她是否听懂了他所教的。然后有一天，课间休息时间比平时长了很多，她经过走廊，可能是去看老师漂亮的图书室了，当时B先生的太太不在。那个女学生不该穿过走廊，走进老师家中。因为马上就起了流言蜚语。不久，村公所就谢绝了他的良好服务，辞退了那个如此爱孩子的教师，人们以后再也没有谈起过他。

　　我哥哥米歇尔和雷蒙也跟母亲住在一起，但那个时候，他们既不想读书，也不想干活。米歇尔总想反抗，而雷蒙呢，他成了一个爱打架的人。他们不单在草地和森林里跑，寻找桑椹和蘑菇，像雷蒙以后常做的那样，而且还经常光顾小酒馆，寻找女孩，最后是某几个女孩。米歇尔胡来了一阵之后变聪明了，雷蒙我们已经知道，他后来参加了外籍军团。

　　我急于离开母亲的保护，那里的气氛太沉重了。母亲对我的两个哥哥很不满意，拿我当榜样，这只能恶化我和他们的关系。我感到很不自在，心想，应该还有别的生活，有别的地方可去。我很难静下心来学习，有时心想："读书有什么用？"我对我们在生活中所做和将做的事感到怀疑。

　　我有几个朋友，他们的家庭生活好像挺幸福。他们爱家人，爱周围的环境，爱学习。他们有社会活动和体育活动，参加家庭会议，商量如何才能更快乐、更幸福。

就是在青春期的那个阶段我开始想这个问题。啊，幸福！我们应该赋予这个词什么含义呢？我一生不断地考虑这个问题。

多年来，这像一个梦，老是萦回在我的脑际。我们应该找到大家都在说的这种幸福，至少一成年就寻找。我在想，它一定藏在什么地方，我得想方设法找到它。我整个一生都在问自己这个大问题：为什么有的人那么容易顺手就抓住了它，而有的人，比如说我的家庭成员，总是生活在不幸当中，无法获得这种幸福？于是我给自己确定了一些能让我内心平静的目标，我们每个人都在本能地寻找这种平静，有的人很容易就找到了，而有的人却始终找不到。

随着岁月的流逝，我终于明白，这种幸福，人们也许有别的叫法，只是我达不到而已。所以，我要给自己制造某种甲壳，以面对生活中的各种变化。后来，某些杰出人物带着这种幸福感走进了我的生活，而我却做不到，今天依然如此。斗争、屈服、沮丧、失望，有点小小的快乐，小小的幸福，这就是许多人的生活状态。

如果人们知道这一点，接受起来就容易得多，尤其是当人们准备面对那么多意想不到的东西时。今天，我有时会有一些小小的幸福，这不假：某人的出现、一道目光、一句话、一个动作，还有什么？有时，简简单单的一件事，让我感到自己处于某种特别的精神状态中。但我永远不会说这就够了，即使我找到了幸福，哪怕确实是真的，我还需要让我周围的人，我所爱的人也能找到它。

　　到了青春期的时候，我越来越多地问自己这些有关生存的问题，但无法得到答案，我知道人总是孤独的，于是干脆躲进阅读这个美妙的藏身之处。阅读、逃课或越来越远地离开母亲的家去外面远行。如果说，在这种小小的逃离中，我并没有找到幸福，但我找到了我所需要的孤独。我的那些逃离，有时很幸福，也许是小小的幸福。

　　就在那个时期，我发现了我前面提到过的索耶尔城堡。那座城堡，不如说剩下的城堡，与面对沃布尔的那块岩石，直线距离不过一公里左右。对我来说，这两个地方，永远像是对我的一种补偿。城堡成了我的朋友，尽管我并不能进去，因为它是锁着的，一扇坚固的铁门挡道，只有几个人有权进去。不过，我还是有机会爬过围墙，次数不多，后来，很久以后，也和我在索耶尔城堡之友协会的几个朋友通过大门进去过。在那儿，那些古老的石头，尤其是那些书，让我养成了对历史的爱好，以至于今天，我最喜欢的书还是有历史"味道"的书。

　　现在，我知道，尽管我到了美洲，爱美洲这块土地，我还是觉得，汝拉山的这个角落才是我的家。有时一个人，有时有人陪着。尽管我在那里只生活了短短几年。那为什么不重新回那里去看看，在小路上做做梦，放飞一下我的想象力，既然现在我已经可以做到？每个人都有自己的娱乐方式。我的娱乐之一，就是重新去看看那些承载着历史的旧石头。

　　这对"第一批移民"来说是经常的事。他们把自己出生的那个角落理想化了，虽然，他们有的并没有在那里生活过，或只生活了很短的时间。他们永远也无法完全融入他们的新祖国，觉得哪里都不是自己真正的家，自己在任何地方都是外地人。至于我，虽然我在世界上的任何地方都觉得很自在，但我的祖国还是那个我一生中只住过很短时间的地方。尽管如此，我并不觉得自己是一个真正的瑞士人，也不觉得自己是魁北克人。不过，我爱魁北克。

当时，我在索耶尔或在那个地区都没有朋友，后来才有。除了我的表弟达尼埃尔，他很小的时候就对绘画产生了兴趣。几年前我重新见到了他，那是一个非常可爱可亲的人，很久以前，我跟他度过了一段非常美好的时期，尤其是在德雷蒙船闸附近，他父母的住处周围。

4. "美丽的母野猪"

11世纪左右，在这个森林茂密的荒野地区，领主有一次出去打野猪迷路了。他发了一个誓，如果老天能让他回家，他将建一座小教堂。于是，这场让人难忘的狩猎，催生了贝莱[①]。"莱"（laie），大家都知道，就是母野猪，那个地方很多，是领主的首选猎物（只有他才有权狩猎）。不久，一些修士来此定居。到了1136年，穆蒂尔-格朗达尔神甫（其他祈祷和静默地点已经很出名）成立了贝莱修道院，成了日耳曼罗马神圣帝国的重要修道场所之一。

顺便讲个小故事：修道士们在那里发明了著名的"修士头"奶酪。名字没什么太特别的！用餐完毕，借助鸡油菌，做一朵"修士头"花，肯定会让宾客大吃一惊。要做这种花，只需在奶酪上轻轻转一下手腕，让奶酪变成花朵的样子。现在，你在瑞士到处都可以看到，但在魁北克，只有少数几家杂货店有。

用来给我读书的那一点点钱很快就用完了。得找新的办

---

① 贝莱，法语原意为"美丽的母野猪"。

法。夏尔·梅特纳（还是他）想出一个办法，让我每周两次在他被任命为院长的医院的行政处工作。这样，我就可以继续在德雷蒙上学了。但我现在得去离贝莱几公里远的特拉默兰小城，当时，修道院已经成为一家精神病院，属于伯尔尼州所有。

这个建议，学年一结束就采用了。又开始搬家，我离开索耶尔前往贝莱，在护士区租了一个漂亮的房间。那里人不多，医护人员80%是意大利女护士和助理，有的长得非常漂亮。我很快就习惯了那个新地方。整个村都属于医院，所有的农庄、弗朗什品种马养殖场、教堂、住房，所有的土地、墓地，一切，让人想起法国大革命之前的情景。那时，修道院都有自己的财产和土地，其中包括比安湖坡上的葡萄园，以及从朗德隆一直到比安和新城的许多村庄和乡镇。在那里，现在还可见"贝莱之屋"，那是当年贝莱修道院院长的府邸之一。

要是星期天的来访者不把我当作是医院的寄宿者，我会很快就喜欢上贝莱的。事实上，我在贝莱度过了一段难忘的日子，那是我生命中最美好的时光。我感觉到自己有点像年轻的王子，大家都爱我、喜欢我。医院的工作人员，不管是医务人员还是行政人员都尊重我，看见我的到来他们都很高兴。这至少是我的感觉。

在医院的工作人员当中，我有几个好朋友。在贝莱，我完全进入了一个新世界，一个富有的瑞士。在那里，我可以遇到一些富有同情心、有教养和十分可爱的人，比如，佩兰夫妇就跟我成了朋友，我跟他们保持通信，直到他们去世。除了我的新朋友们借给我的书，我还可以进入医院藏书丰富的图书馆。梅特纳有时允许我在上班时间看几个小时的书……他太太借给我的书！

就是在那个地方，我遇到了尼科尔，那是一个非常漂亮的阿尔萨斯姑娘。尽管我两三年前去过巴黎，但我一直是个童男。那女孩比我大三岁，第一次让我发现了爱的激情。到塔维纳看一场电影，沉睡在我身上的强烈爱情就足以永远燃烧。我只为她而活着，只要可能，我就去见她。我无视那里的所有禁忌，结果大家都开始为我担心。我对此一直保留着清晰而痛苦的记忆，因为我太诚实和天真了，以为这样的爱情应该持续到永远，直到死亡。

夏尔·梅特纳对此感到不理解，辞退了尼科尔。她离开之后，我想我永远也不会恢复过来，我弄了一把手枪，因为我觉得经历这样的感情之后遭到抛弃，我应该结束自己的生命。非常幸运，卖我手枪的那个哥们"忘了"卖我几发子弹，并强调说，如果我清醒了，可以把东西还给他。我把手枪还给了他，但很久以后头脑才冷静下来。我再也没有见到那么漂亮、那么温柔的尼科尔。我早就忘了她姓什么，只记住不知是哪个诗人说的，"第一场爱情永远是最后一场"。幸运的是，这对我来说不是事实。

那个地方的历史让我着迷。几百年来，那个修道院都是学者们研究的对象，修道士、贤达和文人都在研究。修道院院长们还建了一个大图书馆，但它也遭到了抢掠和中世纪的各种暴力，包括瑞典人的破坏和法国大革命的亵渎。

在这些修道士当中，有正人君子，公正而具有同情心的修道院院长，但也有一些残暴之徒，压迫村民。后来，在法国大革命中，由于修道士逃离，修道院破败了，直到伯尔尼州把它改造成一家医院。

我在那里逗留期间，修道院仍然关门。有一天，我要求进去参观。钥匙在行政处，很少有人要求进去，因为据说里面真的没什么好看的。可我进去以后，真是大吃一惊！教堂好像很大，我第一次参观之后不久得知，它是整个瑞士联邦最大的宗教建筑之一。但里面尽是空箱子和各种废墟，垃圾、屋梁、旧树干、石灰碎块，总之，像一个真正的垃圾堆。虽然是一片衰败景象，但这地方还是有一种宏伟甚至是威严的气势，有点像是大教堂。然而，那种巴洛克艺术的杰作已经

贝莱修道院 (1755年的铜版画)

成为废墟，两座钟楼就剩下一座，高高的阳台俯瞰着祭坛和大殿，但楼梯都没有了，根本上不去。墙壁已经失去大部分壁画，摇摇欲坠。

我把自己的惊讶和参观教堂后产生的凄凉感告诉了梅特纳先生，他回答说："我的计划之一，是让政府来修缮。我会把写给伯尔尼的那些先生们的信念给你听。"

2003年9月，初秋晴朗的一天，我又回到了修道院门口，自1955年离开贝莱之后，我已经不知多少次回到那里了。

说真的，多年前，我就不打算重返贝莱了。40多年来，由于工作的关系，我要经常去瑞士，不过主要是去法国和法兰克福。我每次都会到贝莱转一转，说到底，那里离巴黎不过650公里。想起贝莱、弗朗什山区、莫韦里埃、沃布尔、雷默、库鲁上方的小岩石等地方，我总是很伤感，我总能认出某条小路，它不通往任何地方，但几乎总能通往我的梦想。我说"几乎"，是因为我深深地感觉到，我永远也走不到尽头。不过，我伤心地离开梦想中的那个地方——我度过童年的地方已经那么多年，其原因，我很难说清。回到那里，将是生命能给我的罕见的最好补偿之一。我去过一些遥远的国度，欣赏过尼罗河边的高大庙宇，在它旁边的沙漠里散过步，下过大峡谷的谷底，在加拿大北部的河流上划过船，登上过马丘皮丘[①]，游览过吴哥窟，无数次经过永恒的巴黎，但没有一个地方像汝拉山的某些角落那样，能给我带来那么多想象，让我如此激

---

① 马丘皮丘，哥伦布时期印加帝国的遗迹，世界新七大奇迹之一。

动。我只需去那里，最好是一个人，甚至一想到那个地方，我就会忍不住轻声哼起那个地方的某些老歌，有时老泪纵横。

再说说梅特纳先生吧！他是2002年去世的。他在把那个地方留给别人之前，开辟了一条通往美好未来的道路。修复已经结束，那座漂亮的教堂今天又重现辉煌，成了游客和艺术爱好者常去的地方，这是一个了不起的成功，现在再去参观，跟以前一样让我激动，尽管今天进去要买门票，因为那巨大的空间已被用作艺术展览，永久维护需要资金。

那个精神病院一直拥有很多农庄，人们在那里养弗朗什高山马，因为贝莱是那个高地的大门，高地之美在欧洲独一无二。

我喜欢在山中散步，有时下山去看望住在索耶尔的母亲，有时也去参加村里的庆典，那里的女孩越来越漂亮了。当然，我还得读书。在这方面，我已经没有太大的问题了。而且，在那个和平的绿洲，我有那么多其他事情要做，我是那里罕见的男性青年之一，初恋就此到来。在尼科尔之后，是西尔维亚。她是我几年前的同学，几个月来，我觉得她美丽动人，头发像麦子一样金黄。当然，她是村里最漂亮的女孩。我下山到索耶尔去看她，她和母亲住在一起。但我还是不能忘记尼科尔。西尔维亚明白这一点，所以我之后再也没有见到她。我母亲很喜欢她，心里很难受，把我一顿好骂。那场爱情只持续了短短一个夏天。

我感到自己像高坡上的风一样自由，以前从未有过的自由。

贝莱是弗朗什山区的门户，进山的通道之一。再往上走几公里，便进入了勒热内韦，远远就能看到它美丽的教堂，漂亮的钟楼直插蓝天。

在那里，仙境像一本书，大大地翻开着。一片静谧，现在还如此。不过，该县首府赛涅莱日耶是一个大镇，永远宁静得不可思议。除非是赛马节期间，才能吸引成千上万的游客。那个高地其实是一个大牧场，到处都是巨大的云杉，马是那里的主角，它们自由自在地吃草，随意穿过小路，无视行人和车辆。它们甚至有自己的养老院，可以在那里受到无微不至的关怀、照顾和细心的服务。乡村小火车，时速从来不超过30公里，有时会停下来，检票员要请求那些尊贵的动物离开，它们觉得那是自己的道路。在那里，马是在自己的地盘，如果它不高兴，它可以不让路：旅行者必须耐心地等待。

农民们只拥有自己的农庄，土地是集体的，必须骑马或步行穿过这个早就被宣布为自然公园的地区。这里的村名有的与历史事件有关，有的仅仅是为了让人好奇。博斯（意为"肿块"），奇怪的名字，是因为那个村在盆地底部；勒布勒勒（意为"火耕地"），据说那里的居民有奇特功能，天生就是歌唱家和音乐家，而大家都知道，每个瑞士孩子天生就是……士兵！至少是在那个时期。还有，为了让人想起600多年前烧毁了大森林的火灾，还有一个叫"地狱"的村庄。村民们会告诉你，最好还是在他们家住下，不要再往前走了。"红土""黑山""勒西尔"，这些村庄只是名字阴森可怕罢了。

这是一个与众不同的地方，像当地人一样孤独，他们有时会固执地在那块贫瘠的高地上耕种。弗朗什山区远离旅游的人潮，是一个需要不慌不忙地去深入的地方，以便发现一个不同的瑞士。

我用剩下的那点零钱，给自己买了第一辆摩托。那是一辆黄蜂牌低座小摩托，在几个月当中让我乐开了怀。我趴在那辆危险的摩托车上到处钻，首先是汝拉山区，然后去阿尔萨斯、弗朗什孔岱和瑞士的其他地区。

汝拉山区的另一颗明珠，是圣于尔萨纳，一个沉睡的古镇，那是另一个时代的真正遗迹。小镇匍匐在杜布河边，杜布河突然停止北流，绕了一个大圈之后，朝萨瓦河方向往南流去，而萨瓦河本身则将注入罗讷河。

这个小镇是公元600年一个爱尔兰教士所建，他叫于西努或者是于西尼居斯，他跑遍了汝拉山区，是圣哥隆班和圣加仑①的朋友，一些愿意经受考虑，准备牺牲一切的同道加入了他的行列之中。他们来自同样遥远的地方，来给当时汝拉山区的农民传教。

在贝莱，时间过得很快，我的合同快到期了。我必须知道怎么办，因为服役的时间眼看就要到来。

---

① 圣哥隆班和圣加仑均为出生于公元540年前后的爱尔兰牧师，曾到欧洲大陆传教。

　　从合同结束到服役开始，只有四个月时间，于是我便去赛涅莱日耶法庭的书记室当秘书，还是在弗朗什山区。我得把预审法官的口述和审问全都速记下来，这并不总是很有趣。

　　在那个娱乐不多的高山地带，我开始感到厌烦了。幸亏我服役的时间快到了，我想，在部队里会认识很多好朋友，这应该不像人们所说的那么难。

5. 世界上"最好"的部队

就这样，我离开了那个具有田园风光的角落，并不知道这一走就将永远离开，除非回来旅行和度假。1955年的那个秋天，我来到了纳沙泰尔湖畔的科隆比耶城堡的大院里，那里有600来个像我一样剃光头的小伙子，他们充满了对未来美好的向往。我相信我能对付，不用费多大的劲。没参军的时候，不断有人告诉我说，瑞士军队是世界上最好的部队。什么方面最好？我怎么不知道？

我应该相信我哥哥米歇尔的话，他谎称平脚，躲过了服役。不用几个小时，我就明白了，在部队里，不讨论，不思考，不想问题，不经允许不准说话，大脑永远不会疲劳。

几天后，我就尝到了世界上最好的部队的滋味，领教了它的无情和纪律。只有那些身体强壮的粗人，祖祖辈辈都当兵的人才会感到自在。我到处都感到不舒服，我几乎走不动，更跑不动，夜晚总是嫌短，像地狱一般可怕。

凌晨三四点钟，我们就被叫醒，冷水淋浴后，背上背包，步枪挎在肩上就开始跑步，跑上几公里才开始吃早饭。说是吃饭，其实有点夸张，因为我们只喝一碗热巧克力和一碗难吃的麦片粥。两三个星期后，这种新的饮食法让我们肌肉的酸痛减轻了，而力量增强了，急行军的距离也延长了，尽管上士大声嚷个不停，唾沫横飞得越来越厉害。

很快，我就结交了几个好朋友，尤其是罗密欧，这个名字很适合他。他是一个富家子弟，独子，是我真正的朋友，如人们通常所说，毕生的朋友，但我后来再也没有见过他。

士官们常常不打招呼，突然闯进房间，大声喊道："检查！"他们什么都查。身上是否干净？头发是否剪短？衣服是否整齐？我们站得笔直，还不能有不高兴或嘲笑的神情。他们说，这些考验都过关之后，我们才能成为真正的军人。这就是军营的生活，我们必须宣誓效忠祖国。

在纳沙泰尔地区走了很久之后，上校决定让我们欣赏一下弗里堡的阿尔卑斯山。我们坐火车一直来到弗里堡城，然后长途行军，来到黑湖，我们永远也想不到竟然能活着走到那里。每小时休息五分钟，我们倒在地上，都懒得松开背包。军营的管理比科隆比耶更严，纪律的等级可能提升了一级。之后几天，我们被要求睡在野外，每个人都必须在雪中挖洞，以便御寒。必须采取各种手段，不断地进攻假想敌，办法一个比一个大胆，一个比一个累人。我们得学会朝头顶实弹开枪，当然，不时会发生一些事故。大家在高山上都长了冻疮，但这并不能改变什么。必须进攻，永远都要进攻。

有一天，我被要求跳过一个障碍，为了表现我的灵活性，要采取危险的跳法，结果，我摔倒在地，鼻子磕在膝盖上，碰破了，我痛得要命。中士把我当成了一个胆小鬼，不过，还是人道地把我送到了护士站。痛了一个晚上之后，第二天，我坐当地的公共汽车去了弗里堡医院。在那里，他们没给我打麻药，而是用一条金属给我做了一个鼻架，痛得我昏了过去。几天后，我回到了军营，见到了我亲爱的中士，他觉得我比以前英俊了。我回答他说，这个伤痕是他给我造成的，我非常担心会破相。

这种斯巴达克式的训练持续了几个星期，然后，我们带着装备回到了乡间小路，穿过小村庄，继续练习，把路边的牛都吓得半死。我们睡在谷仓里，有时睡在学校里，旁边总是有泉水洗澡，一些勇敢的人则设法改善伙食。有时，上校会忘了我们，或假装忘了我们，我们便乘机懒洋洋地躺在草地上。

总之，几个月后，我们回到了城堡——那确实是个城堡，今天还是，因为招了新兵而被当作兵营。在这个义务兵的训练场，纪律有所松懈，士兵们身体状态很好，但大部分人都着急一件事：退伍。

科隆比耶是一个大镇，历史久远。这个地区从科隆比耶、布德里、科塔罗、圣布莱斯和纳沙泰尔，向埃斯塔瓦耶的方向，一直延伸到湖的另一端，湖边的许多村庄建的都是吊脚楼，以防野兽和敌人侵袭。

这是上学时，老师在说到3000多年前发达的湖边文明时告诉我们的（尽管这种文明的存在今天受到一些历史学家的质疑）。

后来，在日内瓦附近被恺撒击退的赫尔维蒂人（即今瑞士人）想在更富裕的高卢地区落脚，便开始进犯这里，并进行了罗马化。到了那个时候，科隆比耶才进入我们已知的历史，即公元1世纪。

在城堡里面，人们还展出了一个罗马大别墅的残余。后来，这里成了旺达尔人、阿拉芒人和布尔贡德人的猎物。墨洛温时期，人们因为害怕新的侵略，修建了这座城堡，住在城堡里的是纳沙泰尔伯爵的封臣。

1762年，科隆比耶由于让-雅克·卢梭而进入了文学史，那位著名作家当时被流放在伯尔尼、法国和日内瓦。在前往比安湖上的圣皮埃尔岛之前，他就住在科隆比耶城堡。那地方应该给他带来了不少灵感，因为他的《孤独漫步者的遐想》就是在那里写的。

最后，那座城堡成了伯尔尼那些先生们的产业。他们都是实用主义者，决定把它改造成一所军事医院，后来又改成了兵营。今天，那里已完全重修，很有品位，大墙之内还有一家军事博物馆，值得一看。

离科隆比耶几公里的地方，小镇布德里一直延伸到汝拉山脉脚下的葡萄园。人们在那座中世纪的美丽小镇找到了一些新石器时期的物品。那个小镇也有城堡，当然还有防御工事。那是让-保尔·马拉①的出生地，法国大革命期间，这位"人民的朋友"被夏洛蒂·科黛谋杀。另一个名人更富有同情

---

① 让-保尔·马拉（1743—1793），法国政治家、医生，法国大革命时期民主派革命家，1793年7月13日马拉在巴黎寓所被伪装成革命者的夏洛蒂·科黛刺杀。

心，那就是巧克力大王菲利蒲·苏夏尔。谁不记得深蓝色包装的那些巧克力条？

星期天我们可以休息一下，去看看家人，重新接触一下世俗生活。有时，我们会和几个朋友喝酒唱歌，开心一下，往往由最能喝的在熄灯之前的最后一刻把喝醉的伙伴背回兵营。

母亲又搬家了。她现在住在库特泰尔，德雷蒙附近的一个大镇，她在那里结识了几个朋友。

兵营指挥官科巴斯上校让我给他当秘书。没得讨论，不管怎么样，我宁愿在办公室干活也不去进行强度极大的军事训练。上校是一个特别严厉的人，我们想都不敢想还能就他的命令进行讨价还价。他从来不开玩笑。我做速记，他对我的工作应该感到满意，尽管他从来没有当面说过。义务服役结束前几天，他把我叫到他的办公室里，严肃地对我宣布：

"布罗凯，告诉你一个好消息。你已被你的上司选中去士官学校学习。祝贺你，你没有理由不晋级。不用谢我。"

这真是灾难！

服役结束，离开部队几个月，然后再回来吃更长时间的苦。这可不是我的计划，我得另找事干。

"上校，我为您的决定感到荣耀，但我想我真的配不上。我体能跟不上，指挥能力更欠缺。"

"够了，士兵布罗凯！部队的决定是不容讨论的。一旦被士官学校选中，你就得去，现在就是这种情况。这是规定，你应该感到自豪。现在，去准备一下吧！"

　　这句话说白了就是：让我安静点，滚吧！

　　但这是真的，这类"晋升"不容讨论和选择，不得违反。被选中的士兵通常都会因为手臂上会多一条杠而感到自豪。可我并没有绝望，我想我能找到办法来躲避这一可能打乱我生活的义务。我还有几个星期时间。也许我可以玩失踪，在山里找个地方躲起来？在加拿大这有可能，但在瑞士，任何人搬家都必须向地方当局报告。

　　我想起了我最后一天在城堡兵营大操场的情景。我们有600多人，全都一样，准备复员。一片快乐的欢笑声，直到少将的到来（瑞士军中最高官阶，除非是在战时，瑞士军队中没有上将）。在军官们的祝贺声中和伙伴们的嘲笑或鼓励当中，未来的士官被一一点名。一复员，我就去打听部队是否有权强迫我成为士官。回答总是同样的：是的，这是一种荣耀。不过，他们不能强迫我成为士官，这是有明文规定的。这事无疑对我离开瑞士有影响，至少在某种程度上来说是这样。

6. 他的母亲竟然是嘉宝

恢复平民生活后，我回到母亲家，但只能待几天。

我得重新找工作谋生。事实上，我已经不再想待在汝拉地区，那里已开始让我感到窒息。当时，瑞士是不存在失业一说的。至于工作，不仅仅是一种权利，也是一种责任。我去找了几个大人物，说我不想继续服役，但得到的只是指责和批评，他们鼓励我好好利用这个机会，将来，这无疑会大大方便我谋得公职。换言之："孩子，你将成为公务员！"

当时，阿尔卑斯山地区正在修建大坝。我听说不但工资很高，而且一直在招工，于是我骑着摩托车就去了瓦莱地区，准确地说是巴涅河谷的莫瓦森。工程建了一半，我到达的当晚就上班了。河谷里的巨大工地24小时不间断地隆隆作响，每星期要工作60个小时。我负责用电话指挥吊车司机，他吊着20吨重的水泥，在山里其实什么都看不见，因为云雾弥漫着山谷，遮住了大坝。

不错的工资让我很快就换了一辆摩托，只要我有几小时的自由时间，我就下山到山谷里，有时回到汝拉山区。

我认识了一个新朋友，我们长时间地讨论问题，质询一切。他有一个让人好奇的名字，叫安齐尔（天使），我一直不知道那是他的名还是他的姓。慢慢地，我踏遍了美丽的瓦莱山谷，深入马蒂尼，然后去昂特蒙、海伦斯、赫尔芒斯山谷，直至安尼维埃山谷的最后一个村庄齐纳尔。有时，我也会徒步到白牙，那里的景色美得让人惊叹。我喜欢爬山，那种愿望永远难以完全满足。

我默默地度过了四个月，完成了我的士官课程，高兴地见到了原先部队里的几个战友，但这是我拥有的唯一的美好回忆。

我20岁了，应该想想在哪里安家了。我不再想回到汝拉山区，最多不时地去看一下我母亲。我当然可以在我祖先的土地上落脚，看看如何在那里过上幸福的生活，我的根在那里，我对那里很有感情，一辈子如此，但我想看看别处的世界。20岁的时候，尽情想象吧！汝拉山无法满足我逃走和发现的愿望。要离开这块土地，别的地方有那么多东西可看。

我的朋友安齐尔常常跟我谈起他的城市。对他来说，洛桑是世界上他唯一愿意居住的地方。他对我说："下山到洛桑来，你永远不会再想回去。"沃州的这个首府确实很漂亮，它位于山边的一个高坡上，俯瞰着莱芒湖，面对着萨瓦地区的阿尔卑斯山。这是一个非常干净的城市，当然，瑞士所有的城市都很干净。它拥有悠久的历史，在它的大街小巷里逛逛非常惬意。湖边的布尔日和小橡树路是步行街，没有汽车，是我最喜欢去散步的地方。那时，我有时间，也有几个朋友，于是便从山上下来，在市中心找了一个膳食公寓，然后很快就开始寻找工作。这并不像我以为的那么简单，但几天后我还是在一个纸行里找到了一份工。

老板是一个挺令人讨厌的人，我已经记不清他的名字了，所以，没过几天，我就查看《洛桑日报》，想在一个环境好点的领域找份更好的工作。没花太多时间，我就在一家保险公司"沃州互助"找到一个职位。我一直在那里干到前往美洲，也就是说，干了三年左右。我有两个志趣相投的朋友：雷翁和萨缪埃尔，他们总是笑眯眯的，脾气总是很好，下班后跟他们一起喝杯开胃酒真是一件乐事。我后来见过雷翁几次，他有一天到加拿大来看我。他在生活中很成功，创办了自己的公司，更找到了幸福，应该说，他在这方面能力很强。至于萨缪埃尔，他虽然一直单身，却成了瑞士的柔道冠军，但我后来没有再见过他。我还有一个朋友，叫克莱芒斯·丹格尔代，他后来成了钢琴家，是阿尔弗雷德·科尔托大师①的最后一个学生。大师像许多名人一样，住在莱芒湖边。这位20世纪最伟大的音乐家之一，克莱芒斯每当谈起他及其艺术，都仿佛着了魔一样，我丝毫不怀疑他能紧跟这位名师的脚步。他有时会邀请我参加他在教堂举办的音乐会，据说，他父亲是英国勋爵（英语是他的母语），而他的母亲，竟然是著名的格莱

---

① 阿尔弗雷德·德尼·科尔托（1877—1962），钢琴家、指挥家，生于地处瑞士法语区的尼翁，他在巴黎音乐学院学习时的第一位老师是肖邦的学生埃米尔·德孔布。

塔·嘉宝。

我在离办公室不远的地方选择了住处，那是乔治莱特路6号的一家膳食公寓，老板叫包韦夫人，我把她叫作包法利夫人。我成了一个真正的市民，我喜欢这个城市。2月底，黄水仙就翘起了它们的鼻子，在这样一个地方生活真好，我从未觉得慌张，但在保险公司的工作报酬不是很高，而且，也没什么前途，至少在当时的我看来是这样。

"沃州互助"公司里有一个漂亮的女孩，叫雅克琳娜，她有一副运动员的身材，高大、可爱、漂亮，什么都好。你知道这意味着什么了吧？我有时会送她回家。她对我说，她更喜欢步行回家，而不想乘坐公共汽车。可我太害羞了，从来没有一个那么漂亮、那么有趣的女孩对我感兴趣过。

在保险公司工作期间，我无法发现世界及其秘密。我想到了别的办法，当然，从没想过回汝拉山区。

我的一个伙伴阿贝尔·维阿尼奥特怀着跟我一样的梦。他想辞职、离开他的女朋友，走得远远的。他相信世界是属于他的，无论他走到哪里，他都会像王子一样受到欢迎和接待。

7. 第一次接触出版

从经济上来看，未来并不光明。我看不到哪天我能体面地在洛桑这样一个城市里生活。我得找外快。我查阅了小广告，最后在一家出版社里找到了一份代理工作，这家出版社为书迷们出版系列图书。尽管我在这个领域里没有任何经验，我还是顺利地被录用了，因为我是拿提成的。

我从一套精装书开始，印数有限，而且都编了号：乔治·杜阿梅尔①的《萨拉凡的生平与历险》。老板交给我一份名单，我得去联系这些有钱人，说服他们完全有必要拥有这套独一无二的书。于是我第一次闯进图书领域，那是在1957年。我知道，有许多人会买一些很漂亮的书，但绝对不是买回去读的，只要书的装帧与他们客厅的颜色协调就可以了。我在保险公司的工作时间之外去见这些客户，最后达到了收支平衡。

不幸的是，这个出版商关门了，当时，他正瞄准《帕斯基埃家族史》（还是乔治·杜阿梅尔的作品），法国一个大出

---

① 乔治·杜阿梅尔（1884—1966），法国作家、法兰西学术院院士，曾获龚古尔文学奖，《萨拉凡的生平与历险》共6卷，是他主要的作品之一。

版社刚把版权卖给他。对我来说这很遗憾，因为我已经瞥见了这个有趣的图书世界的大门。当然，我会再到别处看看，那个时期，我已经经常光顾书店了，比如说，圣弗朗索瓦广场的书店，大桥口的旧书店，在同一座大桥下方的帕约书店等。

在车站大街，准确地说是在车站大街4号，有一座非常漂亮的私人公寓，大门上方有个不显眼的标记。阿贝尔·梅尔穆和他的团队就在这个地方，他们是"图书协会"的人，那是一个图书俱乐部，可惜，现在已经不存在了。俱乐部的出版人熟悉或者说几乎熟悉全世界的文学，就像个君主，他也确实是个君主，统治着他的书稿和他高效而忠诚的团队。我决定进去，弄清这个协会究竟是怎么回事。他们告诉我，之所以成立出版社，是想用精装本的形式，出版别的出版商已经出过的文学作品，每本书都编号，印数有限，然后推荐给爱好者，他们只要付几个法郎的入会费，就能以很低廉的价格选择几本书，不做任何强求。这些"书虫"就这样成了"会员"。他们是该俱乐部的成员，好像有某些特权。

我翻了一下目录（那其实是一本很漂亮的小月刊），发现协会所出版的那些书，其实打开了一扇门，通往一个十分惊人的世界——迷人的知识与阅读世界，因为那些书已经在别的地方取得了成功，作者往往都是世界知名作家，比如亨利·米勒、马尔罗、萨特、福克纳、索尔仁尼琴，当然还有拉穆兹等许多人。有时，我会停下脚步，他们允许我翻一翻书，尤其是放在前台橱窗里的新书。他们心里一定在想："瞧，这将是一个新成员。"

"图书协会"会员卡

不仅如此。

我的经济能力相对有限，但还过得去，工作条件不错，生活得也挺好，我有摩托，可以在很短的时间内到达任何地方，有时去汝拉山区，有时去法国。我也经常长时间地在湖边散步，或从大桥出发，乘坐大家都叫作地铁的交通工具，当时它才一条线，从城里前往湖边的乌西。散步有时要拐个大弯，以绕开高档别墅或私人花园。我的朋友雷翁常常陪我，听他就不同的话题发表评论，而且总是很正面，我感到很高兴。雷翁永远是一个乐观主义者。

我骑着摩托，穿过舍伯尔附近的拉沃葡萄园，天晴的时候，从那里放眼望去，可以看到汝拉山和勃朗峰，甚至瓦莱地区的阿尔卑斯山。我有时会在可供跳舞的小咖啡馆或地下小酒馆停下来。下面，就是紧贴莱芒湖的沃州河，从沃韦出发，经圣萨福林和里瓦的那些村庄，可以做一场很美的散步，在"献给吉尔的葡萄树"那里停一停，那是为了纪念沃州作曲家吉尔而修缮的一个地方。吉尔的《三个钟》被艾迪特·皮娅芙[①]和"歌曲之友"唱出了名。

　　再往东一点，离蒙特勒村几百米的地方，有一个很美的城堡矗立在湖上：西庸城堡。它对瑞士法语区来说等于是瑞士德语区的塞文城堡，昔日的城堡在中世纪的军事建筑方面堪称杰出的代表。不要只看明信片，应该走到里面去看看。黎明时分，这座城堡就像建在水中一样，其形状之和谐与纯洁使城堡

西庸城堡（安德烈·拉瓦　摄）

---

① 艾迪特·皮娅芙（1915—1963），法国著名女歌手，代表曲为《玫瑰人生》。

成为一个独一无二的神奇之处。

  城堡的起源因时间久远而无从考察，但可以轻易地想象到，罗马人曾赖在那儿不走，人们已经找到他们经过的痕迹。至于野蛮人，不用怀疑，他们沿着湖边的山腰，想进攻高卢人。从12世纪开始，西庸成了萨瓦人的一个封地，长期以来，那个城堡都是萨瓦公爵所喜欢的府邸，在13和14世纪，那些公爵势力相当强大。拜伦在他的《西庸的囚徒》中，讲述了弗朗索瓦·博尼瓦[①]的故事。萨瓦公爵曾打算征服日内瓦，博尼瓦为捍卫其自由而与之进行了坚决的斗争。由于得罪了萨瓦公爵，他遭到逮捕，被关进城堡，绑在地下室的一根柱子上，长达4年，直到无敌的伯尔尼人驱逐了萨瓦人，才解放了我们这位写抨击性小册子的日内瓦作者。

---

① 弗朗索瓦·博尼瓦（1493—1570），萨瓦人，日内瓦历史学家。

8. 到外面的世界去看看

　　这种循规蹈矩的生活越来越让我感到沉重。我在想，该往哪儿去？在一家保险公司工作对我来说又有什么前途？在这个领域我感受不到快乐，而是渴望其他东西。我已经离开汝拉山区来到洛桑，现在想要看看其他地方——别的世界，遥远的世界。我急于采取行动，有的朋友已经这么做了，制订了计划和行动路线，即在社会中找到了好位置、成立一个家庭、尽自己对国家的义务。

　　我的朋友阿贝尔已经急不可耐，准备出发，离开他温暖的窝和他的女友，丢掉稳定的工作。他已经想念瑞典了，他喜欢金发女郎。然后，他又在巴西和澳大利亚之间犹豫。大家都知道，那是两个前途光明的国家，在那里，有的是机会。不必有钱，愿意工作的，胆子大的，肯定就能成功。他已经决定了，就要动身，并希望我能陪他去。我完全同意，但对这两个国家犹豫不决。巴西吗，太热了，澳大利亚也一样。还有另外一个国家更吸引我，那就是加拿大。一直以来，这个国家对欧洲人都有着特别的吸引力。当然是因为它面积大，但人们也把那里想象成一个新的黄金国。那我要去看看，然后继续我的长途旅行，一直走到波利尼西亚。

这起码需要两年。两年后，我将心满意足地回到我的祖国瑞士。我把这想法告诉了我的兄弟们，他们心想，移民到那个面积巨大的国家，在广阔无边的西部某个农场落户，这挺有趣的。母亲却完全不同意我的想法，她已经表态：又要离开汝拉山区？不行。她不愿意又冒出新的问题来，说我的老毛病又犯了："为什么你就不能待在洛桑？你在那里有份好工作，有朋友，这里的人都羡慕你住在一个那么漂亮的城市里。在汝拉山区，雨水太多了。"

我没有听母亲的明智劝告，去了加拿大驻伯尔尼的大使馆。我已经做了功课，读了一些关于加拿大的书。我希望他们让我在那里待几个月，好好认识一下那个国家，回来的时候，再好好地讲给大家听。加拿大官员的态度和他们瑞士同行的态度形成了鲜明对比。他们没有让我多等，一个非常英俊可爱的先生在一间大办公室郑重其事地接待了我，他已经研究过我几天前寄出的申请，根本不认可我申请中提出的理由。他对我说，加拿大不需要候鸟，也不欢迎冒险家和无所事事的年轻人，别指望凭这些荒唐的理由能得到移民签证。

"不过，请您首先告诉我，关于加拿大，您都知道些什么？"

"嗯……我知道，那是一个新国家……啊，是的，我想，总理叫麦克唐纳。国家元首嘛，是英国女王伊丽莎白二世，然后……等等，我想在魁北克地区，人们讲法语；也有一些印第安人在西部游荡：'这是一个大国，尤其是土地面积！我没法不爱这个国家。'"

我想，说出一些更详细的东西，碰碰运气，应该能说服他的，但是白费劲。那个充满活力的移民官员，我还记得，他叫拉杜瑟尔，回答说：

"我想告诉您，您的申请这样写是通不过的。加拿大需要移民，需要双手有力或大脑发达的人，能胜任艰苦工作并且将来能完全成为公民的人。您具有这些素质，去多了解一下我们的国家吧！这是一些资料，继续读一读关于加拿大的东西，您能找到的所有东西，几个月后带着更加清楚、理由更充分的计划来找我。还有，您要知道，加拿大的现任总理不叫麦克唐纳，您滞后了差不多100年。现在的总理是约翰·迪芬巴克。再见，年轻人，这是我的名片，我留着您的档案。"

"谢谢您，拉杜瑟尔先生。"

"叫我拉维格尔，"他说，"拉维格尔。"①

我非常失望地回到了洛桑。我原先还以为很容易，结果大错特错。我有充分的理由去那里，但不能对加拿大移民官说，我是觉得在瑞士没有前途，我的爱情遭到了挫折，我不喜欢当兵，我想看看世界。我也无法详细解释我的计划，因为我并没有计划。几天后，我又恢复了希望。我应该找到一个陈述计划的好办法。

一星期后，我打电话给加拿大使馆那个精力充沛的官

① 在法语中，"拉杜瑟尔"是"和蔼"的意思，"拉维格尔"是"严厉"的意思。

员，想约个时间。他没有问我任何问题就给了我时间。我又坐上了前往伯尔尼的火车，很快就到了招聘好公民那个官员的办公室里。我开门见山地说：

"先生，我征求了一下我的兄弟们的意见，他们全都同意让我当侦察兵前往您美丽的国家，看看我们是否能开发一个农场。我们一家都是汝拉山区人，祖祖辈辈都是农民。"

于是他问我：

"您说英语吗？"

"Of course！（当然！）"我回答说。

这是我会说的不多的英语之一。至于当农民……我想这是我所能找到的最好理由。我没有弄错。回到洛桑，我几乎忘了前往加拿大的计划，况且几天后我遇到了一个漂亮的法国女孩宋娅，她什么都让我喜欢，只是有点高傲。让加拿大人见鬼去吧，他们永远不知道他们失去了什么！

差不多半年之后，我惊讶地收到加拿大使馆的一封信，告诉我说，我的申请被接受了，只要我把护照寄过去，他们就给我寄"同意移民"的文件。

事情已成定局，我的同伴阿贝尔也一样，他比我更会撒谎，他的祖先全是城市居民。

我们只需确定出发的日子。我要离开旧世界，前往新世界了，至少要去几个月。阿贝尔比我难做决定，时间越久，他越犹豫，他母亲和女朋友都不同意他走，我感到他有点不知所措。我安慰他说，我能理解。我可以一个人去，没有人能拉我后腿。我去见我的老板布朗什先生，他祝我好运，并狡黠而亲切地补充说：

"布罗凯，你的位置在我们公司。你一回来就告诉我！"

出发的日期越近，我便越兴奋。我在想，我将去多长时间。我告别了母亲、外婆玛丽、我的好伙伴们和两个女朋友雅克琳娜和宋娅。我最后一次送雅克琳娜回家，并送给她一小束铃兰，因为那天是5月1日。[①]我踏上美洲的土地不久，她写信来说她也要来找我。

至于宋娅，她送给我一本拉穆兹的《诗人之路》。

但我以后再也没有见过她们俩。

当时，我愣住了，开始犹豫。回心转意还来得及，尤其是我还没筹到钱。但我不想被人当作懦夫，我将根据计划，从巴塞尔出发。我最后一次拥抱了母亲，没想到三年以后才能再见到她。外婆执意要和表妹苏珊及其丈夫送我到机场。我永远都不会忘记外婆对我说的话："我的小马塞尔，这是我们最后一次见面了。做个男人，不要忘记你的家人。我爱你。"

我最后一次看到她流泪。该出发了。要飞18个小时才能到达蒙特利尔。先在阿姆斯特丹转机，然后经雷克雅维克、甘德[②]到蒙特利尔。那是1958年5月5日。我本来打算在蒙特利尔待一个月左右，然后继续往西，在美国逛一段时间，如果可能的话再去太平洋岛屿，两年后回国。

---

① 5月1日是法国的铃兰花节。

② 加拿大纽芬兰–拉布拉多城市，位于纽芬兰岛东北部。

如果你喜欢，那就出发。

——布莱斯·桑德拉斯[①]

第四章

魁北克，美洲大地

---

① 布莱斯·桑德拉斯（1887—1961），瑞士法语诗人。

1. 给未来的区长打工

这是我第一次乘坐飞机。螺旋桨飞机在北大西洋上空颠簸得很厉害。到达蒙特利尔的多瓦尔机场时，我一点都高兴不起来。我口袋里只有十块钱，但正如我的两个儿子后来指出的那样，这在当时已经很多了！我没有意识到我到了新世界。不过我很快就回到了现实，我打听了要到达市中心、找地方住和吃饭所需的费用后，发现十块钱远远不够。最后我找了一辆小面包车，司机好像在等刚刚下飞机没有钱的移民。那个诚实的人，毫无疑问是个忠实的信徒，因为他每说一句话都会提到宗教物品，比如圣餐杯啊、圣物柜啊什么的，我就不细说了，他让我马上就进入了状态。由于我没有钱，他便把我送到了YMCA①，在那里，我可以花一块钱租一张干净而舒服的床。他真是个君子，只要了我一块钱。房间花了一块钱，我还剩下八块钱。跟别人一聊天，我才发现，许多人都不会讲法语。根据我最近读的关于这个国家的书，我还以为蒙特利尔主要讲法

① YMCA（Young Men's Christian Association），基督教青年会，为男青年提供临时住宿的场所。

语呢！也许我所在的地段不对。

我在小房间里拿出地址本，上面记着我母亲一个住在蒙特利尔的小学同学的地址。他住在城西，舍尔布鲁克路。我想，我随便就可以走过去，那条路离YMCA只有几步路，但我绝对没想到一条马路能够长到这种地步。我按响了门铃，开门的是一个40来岁的金发妇女，有很浓的瑞士德语口音。当我告诉她我来自瑞士时，她毫不犹豫地让我进去了。

我就这样租到了一个房间，每周10块钱，包早餐。她丈夫维利·杰尼是加拿大航空公司的机械师，一个高大健壮的男子，很热情，清楚地记得我母亲。

但我口袋里只剩下8块钱，我得找事做。维利对我说，如果我愿意，到蒙特利尔总医院去就可以了，他们会雇佣我的。去做什么？我不知道。说干就干，第二天晚上，我就在医院里和一群匈牙利人及别的移民在拖地板了。他们都不会法语。我得出这样一个结论：魁北克人不喜欢拖地板，跟瑞士人一样。

历险一开始就不顺利。在洛桑，我至少还有份勉强可以接受的工作，有朋友，工资不高，但能维持我体面的生活，养得起一辆摩托车。在这里，他们付我26加元一周，要上50个小时的夜班。不过，先干着吧！

我可以节约一点，而且，口袋里还有一张到阿尔贝塔省爱德蒙顿市的火车票呢！那是加拿大使馆的恩赐。房东相信我很快就会回瑞士去的，不管怎么说，瑞士都是一个不错的地方，可以跟美洲的任何地方媲美。

　　根据这种非常符合逻辑的想法，有一天，我前往就在医院旁边、位于马克格雷戈尔路（今潘费尔医生路）1572号的瑞士领事馆。一个年轻的女职员非常有礼貌地接待我，在百忙之中给了我几分钟时间。我把我的状况告诉了她，说自己想尽快回到家乡。我是来向祖国求助，让我回家的。她回答我说："我们经常收到这样的请求。但，除非情况非常严重，否则我们总是拒绝各种理由的申请，具体我就不向您解释了。"出于同情，她还补充了一句：

　　"如果我能劝您一句，我要说，坐火车去阿尔贝塔省吧，您不应该浪费这张车票，不要让这个如此慷慨的国家失望。"

　　这时，我想起了辛德勒红衣主教回答教宗儒略二世①的话："没有钱，就没有瑞士。"

　　这就是一切问题的症结。要么独自摆脱困境，征服新世界，要么就灰溜溜地回到瑞士。我本来可以要母亲寄钱来，也可以向慷慨的维利·杰尼求助，甚至我在洛桑的雇主也会为我救急。不过，没有问题，我会找到办法的。在前往波利尼西亚欣赏美景，在去大西部之前，除了洗地板，我还得做点别的。

　　我开始重写简历，稍微有点夸张。我把字写得工工整整，寄给许多公司。白天，我去圣雅克路的那些大公司。时间

---

① 儒略二世（1443—1513），教宗思道四世的侄子，组建了至今已有500多年历史的瑞士近卫队。

一天天过去，我吃得很少，从来不去电影院，尽管电影票并不贵。我越来越相信好运气会来的，需要的是耐心与毅力，不达目的不罢休，两年后回瑞士。我以前的运气总是不错。

如果说这就是运气，那么它真的来了，就在我去领事馆之后不久，我在杰尼家里遇到了一个同胞，雅韦先生，是杰尼的保险经纪人。他答应给我找事做，而且很快。几天后，我接到通知，要我去苏黎世保险公司。公司当时设在圣雅克路。我去了，经理马上就雇用了我。"你星期一就来上班，"他对我说，"我还不知道让你做什么，不过我要感谢我的朋友雅韦，他是我们最好的经纪人之一。"

就这样，我成了一家人寿保险公司的职员。我离开瑞士的部分原因是想逃避保险业，现在又重回旧路，回到了出发点，总之，是差不多回到了原地，可我不能拒绝这份工作。

干一两个月吧！

一上班，他们就给了我一间办公室，在"更新"部。其实，这是一项很有意思的工作，也就是更新和修改原始合同。不用跟任何客人接触，只有上司本人能直接跟客户接触。上司名叫让·科贝尔，是个模范员工，他后来先后当了安茹区的区长和联邦政府的劳工部部长，经常不给我派重要的工作，也不让我整理完整的档案，他太怕我有一天抢他的位置了，结果我朝九晚五，竟然没什么事干。"没关系，"他用有点蔑视的口气对我说，"你的工作是有保障的，你可以抽时间看书，因为你好像喜欢看书。"

由于我下面要说到的弗朗索瓦丝，我有书看了，尤其是

"七星文库"中的著作。

　　和科贝尔一同工作，清闲得让我读完了安德烈·纪德的《日记》，马尔罗、阿波里奈尔、内瓦尔的作品，《世界史》三卷及《文学史》。我还准备读《中世纪的游戏与智慧》呢！我是想说，由于这位未来的部长，我业余时间很多。谢谢科贝尔先生。

　　几个月后，我的书店开张的时候，我收到了一封短信，没几个字，但清楚地表明了他对我的看法："我绝没有想到你能走到这一步。"署名是：区长让·科贝尔。

2. 爱情的季节

> 在你的眼睛里
> 我看见了生活中最美的书。
> ——作者

她是在一个下班后的晚上走进我的生活的，当时我正和几个朋友在斯坦莱路的一家咖啡馆喝东西，其中包括跟我在同一个办公室工作的吉·肖舍。

我觉得她是直接从"美好时期"①里走出来的，身材高挑，戴着漂亮的帽子和白色的手套，优雅而迷人……

虽然那时是7月。

我马上就被她美丽的眼睛和温柔的声音所震惊，几分钟内就被她征服了。我们的关系持续了38年，直到她前往另一个据说更美好的世界。

我内心深处对她怀着一切美好想象，就像藏有一个巨大

---

① 19世纪末到第一次世界大战爆发之前，欧洲处于一个相对和平的时期，文化、艺术及生活方式等都日臻成熟，被认为是一个"黄金时代"。

的秘密。如果仅说她是一个杰出的女人、一个美丽的尤物，那是远远不够的。

弗朗索瓦丝·拉贝尔，我后来很快就像法国老歌中那样，叫她拉贝尔·弗朗索瓦丝①。她不仅是我的妻子和两个孩子的母亲，而且曾经是现在还是我真正的朋友。

从那天起，我们就常常待在一起。下班后，我们一起逛街，去王家山公园，并对未来做了计划。我不知道她是否比我更急，但她已经给我们未来的孩子取名字了。第一个孩子肯定是个男的，她深信不疑，我也不怀疑，因为我母亲有五个男孩，却一个女儿都没有。我想把他叫作艾蒂安，她想叫他菲利蒲，我们最后同意叫他斯特凡，那是艾蒂安的捷克名字。

一个星期以后，她想把我介绍给她的父母。我先和她的兄弟姐妹们吃饭，然后去见了他们。我有点局促，他父亲拉贝尔先生意识到了，突然对我说："别担心！你要我的女儿，我把她给你了。"我惊呆了，但命运就是这样。五个星期后，我们就结婚了。

办公室的生活在继续，我感到越来越闷。科贝尔让我自己看书，有时也冷漠地瞟我一眼。弗朗索瓦丝则不断借书给我。我要求见老板，想告诉他：我在这里像是白拿工资，不能再这样下去了，能让我干点什么吗？为什么不让我试试别的工作呢？他是瑞士人，非常实在。几天后，他便向我宣布，去魁北克分行实习，接受经纪人培训。说干就干。我将成为保险经

---

① 拉贝尔（la belle）在法语中是"美女"的意思。

纪人了，岳父岳母都鼓励我，我应该成立一个真正的家庭，有几个孩子，一栋房子。只有弗朗索瓦丝怀疑我的愿望，也许也怀疑我从事这一行业的能力。

弗朗索瓦丝想过到瑞士去生活。通过婚姻，她已经成为瑞士人了，从来没有旅行过的她梦想去那个国家。她预言说，我在加拿大永远不会感到幸福，我根本不像农民，西部完全跟我无关，更不要说太平洋岛屿了。

如何在我们生命中的某个阶段，在某个地方，幸福地享受生活？这个问题开始萦回在我的脑际，一辈子挥之不去。我为什么会经常想这个问题？为什么这种怀旧和伤感一直跟随着我的脚步，永远也不放过我？对我来说，幸福首先是发现和欣赏他人的幸福，从自己真正喜欢的那些人身上开始。

接下去的日子好像并不光明。在保险这样一个单调的行业里继续这种无趣的生活，我觉得毫无价值。我离开瑞士不是来过这种生活的，哪怕是暂时的。1958年11月初，我去了魁北克城。回来过节时，我想我已经在保险方面经过了"专业"培训。在魁北克城的逗留，让我发现了那座美丽的城市，但那里已经很冷了。那个时期，魁北克省遭遇了严重的社会和政治动荡，正处于杜普莱斯执政末期，整个社会都处于沸腾之中。群情激奋，思维方式、道德习俗、生活习惯都发生了变化。反当局、反宗教、反教育、反体制……反英国人。这和瑞士的农村有点相像。在魁北克，言论自由没有受到任何限制，人们想说什么就说什么。大家抨击旧制度，但并不是很想推翻各种程序。在很短的时间内，魁北克就人人平等了。而在瑞士，传统根深蒂固，阶层是早就确定好的，总之，每个人都待在自己出生时就已经确定的位置上。相反，在魁北克，远没那么平静，大家都处于激动之中。我和弗朗索瓦丝商量，想做出决定，是去瑞士生活，还是在魁北克再留一段时间？我的妻子有一份报酬不错的好工作，她是拉隆德–吉鲁阿尔 & 勒当德尔工程公司总裁 J. A. 拉隆德先生的秘书，工资比我在苏黎世保险公司高四倍。

我听说过魁北克的暴风雪，但我想，对一个汝拉山区的人来说，那算不了什么，汝拉山顶的雪才厉害呢！更不用说纳沙泰尔地区的布莱维纳，人们都把那里叫作"瑞士的西伯利亚"，气温有时下降到零下40摄氏度。我到加拿大的第一个冬天，有一天，我连走到公共汽车站都很艰难，等了半个多小时汽车才来。雪太大了，雪花大片大片地落下来，交通瘫痪了。什么都动不了，除了少数几个行人，他们懂得，在这样的天气里，步行回家要快得多。我们当时住在花园扩展区韦斯曼路的一座简朴屋子里，我花了两个小时才到家。那天，我离波利尼西亚真的太远了。

我们重新和家人讨论起我们的问题，弗朗索瓦丝的兄弟们给我出了许多主意，他们知道我在圣雅克路（当时叫圣詹姆斯路）的办公室都快烦闷死了。

弗朗索瓦丝的大哥阿贝尔是个忠实的读者，一辈子如此。他是图书馆和书店里的"老鼠"，啃噬着书籍，老跟我谈书。于是我萌生了一个念头，向他打听最近的书店在哪里。除了我和弗朗索瓦丝，他们全家都住在凡尔登，那是城郊的一个小镇，有9万人，既没有小饭馆，也没有酒吧，也就是说，没有酒，也没有书店和图书馆，只有镇政府一个徒有虚名的图书馆。

那么多居民，却没有一家书店，这怎么可以？我觉得这简直不可思议。必须弥补这一缺陷。谁来弥补？如何弥补？要开书店，我缺乏必要的知识。还需要钱、地方和关系。我什么都没有。我的所有家当就是几本心爱的书和一张德雷蒙商业高等学校的毕业证书。去他的这些问题吧，有主意就会有办法。有了客人及其需求，经验自然就会来，只要客人愿意进书店的门。

在卖书这个行业，什么都要小
心，哪怕是目录。

——卡洛斯·鲁依斯·萨丰①

第五章
从梦想到现实

---

① 卡洛斯·鲁依斯·萨丰（1964—　　），西班牙小说家，代表作为《风之
影》《天使游戏》。

1. 在加拿大开书店

从那个难忘的夜晚开始，我便开始研究与魁北克图书业有关的一切。我经常去特朗吉尔书店、梅纳尔书店、德翁书店、蓬尼书店。这些书店现在已经不存在了。亨利·特朗吉尔、保尔-安德烈·梅纳尔、让·博德（德翁出版社曾出版诗歌）给了我不少宝贵建议。我得去找钱、找供货商，征询别人对这一计划的意见，问教授们，甚至问行人。

在镇政府，我遇到的尽是冷面孔，除了图书馆馆员安德烈·富蒂埃。这场小小的市场调研很快让我确信，我的想法是对的，应该行得通。剩下的就是钱的问题了。怎么去进货？必须采用灵活、积极的办法，弄清楚怎样才能搞到书。我已经到了天不怕地不怕的地步，什么都挡不住我。这个计划完全适合我。我将成为一个书商……在凡尔登。

但为什么不在大部分凡尔登人上班的蒙特利尔开书店呢？真正的书店都在那里。除了前面提到过的那几家已经出名的，还有其他书店，比如说，尚比尼书店、和平书店，还有三大"巨头"：批发商兼出版商博歇曼、格朗热和杜索尔特。别忘了还有那些自己出书自己卖的书店或团体：基督教兄弟会、圣母小昆仲会①、牧师资料中心等等。有个书商跟我谈起杜索尔特书店，说那里最能帮助我实现我疯狂的梦想。在杜索尔特书店，他们给我引荐了书店老板罗兰·佩尔兰，我很快就跟他约会见面。这位先生非常和蔼，热情地欢迎我，让我感到非常吃惊。陪我一同前往的是和我合开书店的大舅子阿贝尔。杜索尔特书店位于拉封丹路1315号，在蒙特利尔东部。多年来，我和佩尔兰先生保持着良好的关系。

大家都认为现在的书店没什么回报，要知道四五十年前也是如此，甚至更差。虽然今天的做法不一样了，但书店面临的打击、挑战和斗争与面对冬天差不多。我甚至还要说，情况更糟，那是一个真正的热带丛林，弱肉强食。

在我起步的时期，几个大书商，同时往往也是大出版商，瓜分了魁北克的图书市场，从创作、印刷、发行到零售，控制了整个书业。在教材方面，问题就更大了。有的著名作者认为，他们写的书是最好的，并通过各种机构，强行推向学校，而且往往是他们自己任教的学校。这类作者兼教师有自己的出版社，所以他们既是出版商，又是销售商，不但从卖掉的书中获得收益，还可以拿到版税。这个圈子是封闭的，试图进行改革的新作者是进不去的。

至于折扣，那就更不公平了，这是最混乱的地方。法令51条是后来才生效，对魁北克的书业进行管理的。书店进书的

①　圣母小昆仲会，又称圣母文学会或圣母修会，是一个天主教修会。

价格往往跟学校和图书馆购书的价格相同，有时甚至更高，而后者来书店买书还可享受20%的优惠。

在书店，当时通行的做法是打折，给教师、法官、牧师、公证人、医生或知名公务员优惠10%，大学生也有这个权利。书店的常客、朋友也在等待获得他们的"折扣"。总之，只有笨蛋和胆小鬼才会原价买书。在这方面，我想现在情况已有所改变。不过，那种折扣体系依然持续至今，尤其是大卖场（指兼卖图书的超市）都实行减价政策，书店并不总是有选择的余地。

当时，只有几家法国出版社在魁北克有发行部（弗拉马里翁、阿歇特、拉鲁斯），对于其他出版社，魁北克的书店只有两个办法：直接向欧洲订货，或者跟魁北克的图书批发商（杜索尔特、格朗热兄弟），甚至跟法国的图书批发商打交道，他们几乎什么都可以向你提供。那些发行商兼出版商试图在魁北克控制图书市场，完全不顾当地出版的图书，魁北克图书找不到自己的位置。然而，这个问题很少被提出来。媒体才不关心呢！至于作者，胆子大的都越洋过海，到法国去出版了（安娜·赫伯尔、雅克·戈德布、雅克·福尔什-里巴等等）。

法国图书愿意给魁北克图书腾位置，这很好，但不能把法国文化放在一边，过去和现在都如此。不管是比利时人、瑞士人还是魁北克人，我们的文化都浸透了法国文学。

应该阅读过去的经典作品，对别的文化抱着开放的心态。今天依然如此，魁北克也不能例外，如果它想在世界上占有一席之地。

　　魁北克的书商并不是不知道这一事实。相反，他们当时的书架上，经典名著比现在要多。那是一些绕不过去的作品，成百，甚至上千。哪个书商会让自己忘掉了加缪、左拉、贝纳诺斯、蒙泰朗、雨果、马尔罗、孟德斯鸠、巴尔扎克、普鲁斯特、拉辛、伏尔泰呢？我在这里就不多列举了。大出版商如著名的伽利玛出版社和它的"新法兰西杂志"丛书都在重出这类作品。不在加斯东父子那里出，就在格拉塞、阿蒂埃或法国大学出版社出。我很喜欢加尔尼（如今已经去世），他用三套丛书"经典""权威""精选"出版了许多许多经典作品，这也是袖珍本图书生产的开始。阿歇特也出袖珍图书丛书，差不多有200种。今天，50年后，各种袖珍本丛书已推出数千种图书。

　　书店要备齐像样的存货并非易事，不包括卖不掉退回出版社的图书。必须做出合理的选择，了解读者的口味和倾向，关注出版动向，塑造形象，同时还要考虑读者的建议，甚至包括不太进书店的读者。幸运的是，有的读者知道自己进书店并不一定要买书，可以随便来翻翻。由于经常来逛书店，许多人最后成了常客，他们到蒙特利尔的大书店翻书，回来向我们预定他们想买的书。我借助这些忠诚的读者，借助出版社的营销代表和《法国图书目录》进行选书，几个月后，就成功地树立了良好的书店形象。

　　无视实用类图书是缺乏判断力的表现，有关厨艺、鸟类、园艺、能源、健康的书也应该在书架上找到自己的位置。不过，我很快就意识到，魁北克的图书在这方面没有什么影响，科普类的书非常少，人们经常问同样的问题：

"我想找一本关于鸟类的书。"

回答：

"可以看看这本。这是一本非常好的指南，新出版的，全彩。"

对方说：

"这本书很漂亮，好像也很完整，但我想找一本关于魁北克或加拿大鸟类的书。"

在鸟类、园艺类甚至在实用类图书方面，这种选择都十分有限，所以读者们不得已都转向美国的书。

至于艺术画册，要找到魁北克作者的东西就更难了，除了过去的大艺术家，欧洲的大出版商比如斯基拉、弗拉马里翁、埃迪塔、图书寄送等都已出过不少关于他们的丛书。偶尔有几个出版商出版艺术类图书，但往往都是非营利性质的，印数当然也很有限。20世纪70年代初出现的全球艺术出版社是这方面的先驱，阿拉·卡尔莫扬出版了一些本地作者的作品。我很妒忌！偶尔也有人试着模仿他，比如费德斯出版社就出版了内利冈的著作。那本书很漂亮，棒极了，编了号，只印了100本。我卖掉了17本，其实是16本，因为我给自己留了一本。费德斯出版社怎么也不明白，在凡尔登怎么能卖掉这种书。

时间一天天过去，有时让人很担心，因为一整天也没有一个人来书店。不方便、没有买书的习惯，或者是感到进来不得不买书，总之，有什么地方不对劲。如果客人不多，我们肯定无法坚持。于是我在地方报纸上做广告，在《凡尔登信使》上试着写一些介绍新书的文字，但这类广告毫无用处，白白浪费时间和金钱。我只好给商人、当地名人、学校的教师写信，花很多时间去寻找从来不来书店的客人。

不过，开张那天，场面还是搞得很隆重，邀请了城里的许多社会名流和若干记者。CKVL电台也来人了，皮埃莱特·尚普①和约塞·勒杜亲自出席。后来，我们挖到了一个已经很出名并且得到市场证明的作者：伊夫·泰里奥尔特。我很快就跟他结下了友谊，这预示着我将在书业有一个美好的前途。但必须努力，不断努力，正如他也清楚地明白的那样。

几个星期，甚至几个月的压抑期：这就是"联姻书店"起初的状态。这个店名是我的大舅子阿贝尔在阅读兰波②的一首诗时突然想出来的，他是个律师，喜欢文学。我一点都不喜欢这个名字，但还是无所谓地接受了。

开幕那天晚上，一些客人喝到第五六杯的时候，一个小坏蛋为了让大家都听见，大声地喊道：

"我看他们最多能维持三个月。"

没有比这更让人泄气的了。除了文学作品，我还进了一大批经典音乐的唱片。第二天，我卖掉的第一件东西，不是

---

① 皮埃莱特·尚普（1922—2007），魁北克著名女记者。
② 兰波（1854—1891），19世纪法国象征主义诗人。

书，而是让·西贝柳斯①的一张唱片。我把它当作是一种鼓励和一个吉兆，因为，当天，我卖掉了儒勒·罗曼②的《善良者》。会成功的，我可以肯定。

书店是5月份开张的，离我到达美洲大陆刚好一年。但到了8月份，我们遇到了麻烦，情况变糟了。与我合作的大舅子想关掉书店，如果我还想开，那就得收购他的股份，好在并不贵。我必须做出选择。我心想，顾客那么少，我开书店不过为了维持自己的生计，尽自己的责任罢了。不如关门算了，让开业那天那个不怀好意的预言者高兴去吧！我最多带妻子回瑞士去，无论如何，在那里绝不会比在这里差。我准备悄悄地关门，不伤害任何人的利益，尽可能周全地脱身，至少要筹足回瑞士的路费。

但我没有想到弗朗索瓦丝有那么大的决心，她一大早就直截了当地告诉我，不要泄气，不应该这么快就举手投降，我们应该更加努力地工作。她指出，试验尚未有结论。她除了在公司给拉隆德当秘书外，还抽出更多的时间来帮助我，想办法吸引读者，负责财务。看到她这种态度，还能说什么呢？我只能像她一样卷起袖子大干了。再勇敢一点！我鼓励自己。我们拿起电话号码簿，打电话给几百个凡尔登居民，邀请他们来书店，不一定要买书，来看看我们选择的书。我们说服了许多抱

---

① 让·西贝柳斯（1865—1957），芬兰作曲家，民族音乐和浪漫主义音乐重要代表。

② 儒勒·罗曼（1885—1972），法国作家、诗人，法兰西学士院院士。

怀疑态度的人，他们觉得配备了这么多书的书店不可能在凡尔登开下去。

终于，第一个开学季结束了最初几个月的萧条，这确实是一场持续了20多年的大历险的开门红。当然，我们有高潮也有低潮，但我们吸引了许多客人。爱书的朋友们成了常客，有的成了我们的朋友。随着教师们的到来，尤其是蒙特利尔学院和其他大专院校的教授和附近医院的护士们的到来，我们的生意变得非常红火。玛格丽特学院的院长甚至打电话给我，还寄来了学生们要采购的图书书目。我永远也忘不了这些帮助。工作很紧张，我们不计时间，忘了休息。

节假日到了，这对书店来说是一个残酷的事情，但我选择和预定了一些艺术图书，获得了成功。我们换了一种目光看未来，忘记波利尼西亚，别老想着回瑞士了！虽然事实上根本就忘不了。

独立书店和批发商或批发商兼出版商之间的图书大战在继续，后者有时甚至采取越来越低的折扣来卖书，卖给小书店，25%~30%，大一点的，可以卖到50%。卖教材完全是亏本买卖。有的出版商，像心理与教学中心、博歇曼、基督教兄弟会等，卖给书店的书甚至跟卖给个人的书同样价格，目的是消灭书店这个中间商。在几年当中，他们成功了。

我必须承认，对于本地文学，我们没有什么利润，也许是因为大部分欧洲人到了加拿大都会有一些偏见。我开始注意

"地域"文学，某些作者用苏阿尔语[1]写作，这种特别的本地方言有其捍卫者，也有反对者。我保持中立，一直如此。我无所谓，况且，用苏阿尔语写作的作者也能用标准法语写作，至少他们当中的大部分人是这样。

我和我妻子成了书商，这不是一天两天的事。事实上，这是一个要不断学习的行业。一个有趣但艰难的行业，每天都有大量的东西要通过文字来了解，我不知道还有哪个行业能像书店这样那么方便地接触到大量信息，那时还没有互联网。今天还是这样，图书能一直满足我们的期待，给我们以快乐和平静的时刻。

在二十世纪五六十年代，出版商就已经出太多的书了，后来也是如此，什么都出。比赛图书品种的时期开始了，后来就没有停过。大家都注意到了，有时候被我形容为"烂书"的出版物激增。

然而，写作并试图出版，这是每个人的权利，过去如此，今天依然如此。所以，越来越多的人开始写作。只要做出一点成绩或自以为的成绩，多少有点出名，成为某个领域的明星，就觉得可以写自己的故事了，一个小故事，一部小说，一部散文，一本实用类图书。可这是浪费纸张！很多书往往都在说同一回事。几年后，我也踏入了这个系统，出版了……太多的书！

与大家担心的相反，电视的到来并没有葬送图书。我觉

---

[1] 苏阿尔语，受英语影响很大的魁北克法语方言。

得，电子图书同样也不可能取代纸质图书。电视开播文学节目（尽管一直受到发行商的质疑）引起了公众的兴趣，给书店和图书馆增添了新的读者，正如文学奖一样。

关于"平静的革命"，人们已经写了大量的书。谁没有听说过这场"平静的革命"？这其实是对魁北克社会的一场深刻反思，质疑它的政治、社会、宗教结构以及教育。这是转变思想、敢于否定和反对、产生新思想的开始，知识分子在其中起了重要作用，他们写的东西终于可以出版和发行了，人们可以自由地表达思想，反对者可以大声地说出自己的反对意见，不用担心被当局判刑了。

在一个欧洲人看来，从某种蒙昧过渡到道德与思想解放，这是必然的。其实未必，这要看他是从哪儿来的了。对我来说，这是好事，增加了我对这个新国家的好感。在这里我要加个括弧，我从来没有说过加拿大是"我的国家"。并非我在这里觉得不好，也没有人让我感到自己是外国人。我没有见过比这更宽容的社会了，包括瑞士，我指的是某些瑞士人。但我的祖国是用梦、用高山、用绿色的山谷组成的，我的祖国就是我走出来的地方，也来自我的梦想。在某种程度上，祖国，就是安德烈·多泰尔①在书中所说的"永远到不了的国度"。这与永远想远行，想前往世界上最遥远的地方有关。

---

① 安德烈·多泰尔（1900—1991），法国著名作家，1955年以小说《永远到不了的国度》获费米娜奖。

还是回到书上面来吧！

报告一个接着一个：1960年关于图书的《布夏尔报告》，1963年关于教育的《帕朗报告》……在书业和教育界，人们的期待非常高。在很短的时间内，一切都乱套了。新的作者出现了，在教育界强调自己的权利，要推销他们的作品。语法书、地理或算术书不再一枝独秀，更重大、更公正的变化到来了。

还是在20世纪60年代，一颗炸弹在书业和教育界炸响了：圣让湖边的一个神甫让-保尔·德斯比安在男性出版社出版了他的《某神甫的蛮横无理》，这是魁北克的第一本畅销书，在很短时间内销售超过10万册。在这本书中，某神甫建议教师回到学校去，控诉苏阿尔语用得越来越广泛。这本书本身就是一场革命。

别的作者也对魁北克的小社会产生了兴趣，出版了很多书。雅克·拉库西埃尔和德尼·沃热瓦等历史学家开始质疑当时所教的历史，在北极出版社合作出版了新的加拿大和魁北克历史书。我在这里并不是赞扬他们，也不想描述所有关于"魁北克解放"的书，但作为卖书人，应该了解外面出版了什么。哪个书商会不在自己的书架上摆放皮埃尔·瓦利埃尔的《美洲的白色黑人》或莱昂德尔·贝日隆的《魁北克简史》呢？这些书在书店里卖得意想不到地好！

2. 请不要坐在月桂树下

做了几年图书零售之后，我得说："请不要坐在月桂树下。"我们不断检查检讨自己的工作，因为我们觉得已经到了极限，客户的极限，时间、精力、自我发展的手段，也许还有勇气，也到了极限。尽管在我们的客人当中，蒙特利尔的读者占了30%，但还应该再想办法，因为凡尔登的居民在城里上班，在蒙特利尔的大书店里买书。我们销量最大的日子是周末。

折扣制度影响了我们的赢利，差不多五分之三的人"有权"享受折扣。尽管销售增加了，我们的利润却减少了。有的书店比如说"平静书店"，有时给的折扣达到50%，勒梅阿克书店每年推销一次我曾长期阅读的"七星文库"，圣卡特琳娜路的蓬蒂书店（现在成了阿歇特书店）也实行折扣政策。有的书店不通过发行商，而是直接向法国批发商订货，甚至全部的书都直接订，有时进的书比在欧洲还便宜。到了开学的季节，则爆发词典大战，《罗贝尔词典》的到来打破了《拉鲁斯》独霸一方的局面，它每年出一个新版，其中还有专门针对魁北克的版本；还不算"居家书商"，那是一些跟法国出版商和批发商有关系的人，这些伪书商以很便宜的价格把书卖给自己的朋友，这个圈子越来越大，俨然成了第二个图书市场。书店有日常开支，无法加入这种新的竞争。

于是，我只好去找馆员安德烈·富蒂埃领导的镇图书馆和凡尔登教育局。

富蒂埃很和蔼地接待了我，他大致跟我说了以下这番话：

"感谢您的积极与热情。我们镇需要一家书店，您想想，一个有9万居民的镇，怎么能没有书店？我看见了你们正在做的事。太棒了！我们会一直支持您，不过，我们在大多数发行商和出版商那里一般都能拿到40％的折扣，甚至更低。我还可以再讨价还价。您能比他们更便宜吗？"

"我做不到，我拿到的也是同样的价，还不是每次都能保证。"

至于教育局的局长，他说：

"您知道，我们必须帮衬比您早来凡尔登的商人。"

"我知道，但在我们之前，凡尔登没有书商，没有只卖书的商店。"

"有，有一家图书文具店，我们可以在那里买到我们所需的一切，包括地板蜡、椅子、《圣经》，甚至包括厕纸。而且，那里的老板是凡尔登的居民，而您呢……您明白，这不是私人关系……"

我当然明白。那个所谓的书商是教育局领导们的好朋友，有时还开着水上飞机带他们去钓鱼。我有时会去教育局开会，让自己亮亮相：我还存在，我还打算来分点蛋糕呢！

有一天，他们问我，买1000本德克莱出版社出版的《耶路撒冷圣经》，能给什么最优价？我心想，运气来了。我从发行商（费德尔出版社的保尔·芒塞尔先生）那儿拿到了一个特优价，能留下10%的利润。我都差不多要拿到这个天上掉下来的合同了，然而一天，教育局开会，局长回答我说："我们不明白你拿的价格怎么会这么高。我们必须向另外的书店（其实那并不是书店）订购。"

面对这样的说法，我决定联合当地的报纸《凡尔登信使》（他们的热情并不是很高）向教育局开战。我并没有获胜，只是出名了，还遭到反对派的指责，说我对体制不满。

不过，图书馆馆员安德烈·富蒂埃（以前曾在于图比斯出版社工作过）认为自己有责任就自己的财政能力，每年给我几个订单。订单不少，但没什么回报，还是因为折扣问题。有一天，我的一个常客来访，那是一个很聪明的人，而且很开放，人缘很好，他意识到了这里面有偏袒，于是对我说："很简单，如果你想生存，你就必须进入体制。如果你愿意，我可以把你搞到拉萨尔区教育局和区图书馆的大部分订单。不过，要给10%的佣金，我参与分成。"

"不，谢谢。我打算靠自己的努力获得订单，我会根据我们获得的折扣提供最优惠的价格。"

"很清楚，你不懂入乡随俗！你总有一天会明白，要不，你很快就会从这里消失。"

由于我现在跟大部分发行商和出版商都有联系，我便转向搞批发。为什么不像别人一样做呢？我认识乡下的一些书店，他们不怎么了解从哪里进书，或者，他们的购买力不够，无法得到正常的折扣。所以我就建议普雷西维尔的书商布兰夫妇，那是两个非常和蔼的人，所有的书都从我这里进。不管我是以什么折扣拿到，我都只留10%的利润，这样做很适合他们。我一个月去一次普雷西维尔，人货车上装满了书。

还有一个客户，圣皮埃尔港口的迪皮夫人，她有一家杂货店，她决定全从我这里进所需要的书，不管需要多长时间（她已经习惯了，她的商店地处偏僻）。隆格伊圣皮埃尔教皇书店的卢瓦夫妇，他们对书不是很了解，他们的商店可以说就是个文具店。他们也经常到我这里来订货，持续了好多年，直到我建议他们聘请一个书商，这样就可以省去中介了。后来，他们的书店得到了认证。我甚至把书卖到了太平洋岛屿圣皮埃尔和密克隆以及海地首都太子港。我还有个客户，在不列颠哥伦比亚①的坎卢普斯卖法语书。由于凡尔登的教育局和我断绝了来往，我只好去别的地方，普雷尔的里纳里教育局给了我一个大订单。

两年后，发生了意想不到的事情。我们在惠林顿路租的那个场地是一个叫夏莱特的药剂师的，他想扩大药店的面积，加盟了连锁店，但还是在老地方。由于我要求续租的请求

①　加拿大英语省。

没有得到答复，我便去药店里找他，想问个明白。他告诉我说，他父亲刚刚去世，他继承了这个建筑，准备扩大生意，我一个月内必须从那里搬走。

我只有一个念头，就是……揍他一顿。不该发火，但我不知道怎么才能再找到一个地方，在一个月内搬走。

几天后，我在凡尔登路4900号找到了一个地方，就在教堂对面。但必须进行大修缮。施工时我们把所有的库存和办公用品都搬到了地下室。书店只关了一个月。

事实上，我们的面积更大了，停车也很方便，对面有神在保护着我们。工程结束后，书店好好地布置了一下，显得很温馨、很宽敞。由于我们的宣传，客人们跟过来了。

我拥有一个宽大的地下室，可以用作仓库，我还安装了传送带。可以多选一些经典著作了，以满足顾客的不同需求。弗朗索瓦丝很喜欢关于大自然的书，懂得如何把自己的爱好传递给别人。至于我，我更喜欢艺术类图书。于是我们扩大了在这些领域的货源，从来没有后悔过。我们充满信心，未来将是光明的。

要当一个合格的书商，就必须接受正规教育，远在信息化到来之前就这样。但魁北克没有这类课程，于是我们通过函授，在当时位于巴黎圣日耳曼大街117号的书商俱乐部学习，阅读和研究我们所订购的大部分图书，经常查阅《法国图书目录》。书太多，自己不可能什么都读，但也必须懂得如何向读者介绍这类书。

图书爱好者会从四面八方来买书，或打电话来咨询。有人来订购漂亮的书，一本珍稀的书或豪华的书，总让人十分高兴。一天，公证人克莱芒向我订购一本关于夏特尔教堂彩绘玻璃的美术书，他对我说："找最漂亮的，价格多高都行。"

我真的给他找到了一本很漂亮的，那本书只印了25册，有一米高，书中的彩绘玻璃照片美不胜收。那是一本画册，1000加元一本，还不算包装。公证人毫不犹豫地付了款，很高兴买到了这本宝贵的出版物。"联姻书店"仍然是一家传统风格的书店，要满足客人的各种要求，跟他们聊天，记住他们的爱好，要能够找到他们所寻找的东西，当然，更要好好地为他们服务，有时要找到丢失的宝贝，让客人明白，对我们来说，他是最重要的。

读者，至少有三分之二是女性，与丈夫相比，她们读书的时间往往要多一些。但我们也要对那些可怜的男人宽容一点，他们朝九晚五，辛苦工作一天，回来抽袋好烟，或吸支好烟，看看电视上刚刚推出的新节目。还是有男性读很多书的，但局限于很特别的主题。我有个客人，我能找到的所有关于战争的书他都看。

什么战争？不管什么战争。第一次和第二次世界大战，30年战争，百年大战①，蛮族入侵或特洛伊战争。他一直问我要，只要是关于战争的书。后来又出现了一个喜欢情色图书的人。可在当时，这还得相当小心，因为教堂盯着他们觉得在

---

① 百年大战（1337年—1453年），交战双方为英格兰王国和法兰西王国，后来又加入勃艮第公国等。它是世界历史上最长的战争之一，长达116年。

这方面放得太开的书店，所以很难满足那位先生的要求。不过，我还是替他找到了一些著作，比如萨德侯爵的《朱丝汀或道德的不幸》、亨利·米勒的《癌病房》（不太色情）、玛努里伯爵夫人的《维奥莱特的故事》、保琳娜·雷阿吉的《O的故事》以及上百本同类型的书，有的是文学名著，有的十分平庸。有一天，他来向我订购黄色图书，这我可不能也不想答应他，他后来就不来了。

我还有个读者，是个医生，他自己不看书，但很大方。也许是出于善良，他给一个非常漂亮的年轻女人买单。那女人是个教师，往往在两次旅行之间来书店大量买书，题材不限，也从来不看价格。发票由我寄给那位医生，直到有一天，医生的老婆拆开了我装着发票的信封。

在我忠实的客人当中，除了律师、医生、药剂师和护士的丈夫，还有住在德罗里米埃路的保拉·朗齐夫人。她常常来打听出了什么书，然后等着我给她提出好建议。那位夫人年岁已大，但很有文化。她的朋友中有普雷里的罗贝尔小姐和圣伊西多尔的德诺尔特。我从来没有见过她们，后来有一天，我建议去接她们来书店。我真的去接了，然后又把她们送回家，车上装了许多书。我遇到了那些可爱的夫人，这是唯一一次。

我也不能忘了拉萨尔路的阿梅兰夫人，她总是早上9点左右到，所以我不能晚开门。她几乎和她的女儿弗朗西娜一样嗜书，对女儿的要求似乎从不拒绝。弗朗西娜在印度的奥罗宾多修道院住了很长时间后，交给我一本她写的诗集，我决定出版它。那是我出版的第一本书，卖了几百本。

学生们是另一个客户群，有的一分钱一分钱地节约，用来买书。他们有时缺点钱，结果就成了他们的折扣。有时他们一分钱都没有，我就给他们赊账，只要他们说话算话就可以了，我想不起有谁没有回来还钱的。有时也有人偷书，尤其是客人多的时候。很多年以后的一天，其中一人到图书展览会上来找我，那是一个出色的律师，富有同情心，重新见到我他感到很高兴，陪同他来的是他的两个孩子。他对我说："你知道我和我的同伴偷了你多少书吗？"

"至少那些书好像对您起了作用。"

我曾经有个雇员，十分得力，但脾气暴躁，我不得不让他另谋职业。几年后，我收到一个信封，里面装着一张20加元的纸币，没别的。我在好几个月里都收到。最后一次，有张小便条，上面写着："我把从钱柜里拿的钱都寄还给你了。"我猜到了他的名字，但他从来没有告诉我他的地址。他错了，因为我应该感谢并且祝贺他重新找回了诚实。也有些小偷小摸，后果不太严重。有一次，一个当父亲的带着他年轻的儿子来到店里，归还儿子从书架上拿走"忘了"付款的书。还有一天，有人武装打劫，德尼丝·卡梅尔成了受害者。德尼丝是个优秀员工，后来去了圣德尼路的尚比尼书店工作。

在我的客人当中，当然也有些名人：雅克·费隆医生和让·德拉波市长，他们俩都喜欢"七星文库"。贝特朗·瓦克，真名佩勒蒂埃医生，他写过《两扇门，一个地址》和《路易丝·日内斯特》。伊夫·泰里奥有时也来看我，他不是客人，而是卖家，他从他的出版商那里以四折把自己的书买回来，然后五折卖给我，现金交易。我跟他说我可以六折买，甚至更高一点，但他不同意。只要我整箱购买他的《阿加古》和《阿西尼》，他就给我一个确实很友好的折扣。我很喜欢跟他一起讨论问题，后来去他所居住的罗登看望过他，他刚刚写完"签名"丛书中的一本，是关于艺术家皮埃尔–吉尔·杜布瓦的。

3. 书店趣事多

关于书店，我是否说得够多了，重复太多了？书店是世界上最美好的行业之一。在那个世界里，从来没有烦恼，不会单调，不会在思想上感到疲劳。眼睛总是睁得大大的，脑洞总是放得开开的，所以人往往感到很高兴，有些时刻非常难忘，从常识到休闲，从各类文学到旅游和实用知识，在各个领域都会有发现。与公众的接触也会带来快乐，建立友谊，增长知识甚至交上一辈子的朋友。那时，情况跟现在还不完全一样，书店的店员首先是一个顾问，有时是一个好友。很光荣，有时也很危险。要危险地向读者推荐自己没有读过、不了解内容的书。

我想起一件逸事，是关于我的一个店员的，他后来成了牧师。一天，一位夫人打电话给我，让我给她刚刚出门到我书店里来买书的女儿参谋一下，她女儿准备行覆手礼①。那个店

①天主教圣事之一。

员很认真地向那位女孩推荐了让·热内①的《鲜花圣母》。如果您知道热内有同性恋倾向，生活放荡不羁，您就会明白那个当母亲的肯定会责备我。

　　既然说到这里，我就再给您讲一个故事，我经常讲，但每次讲都很有意思。那是一个开学季，玛格丽特学院的学生会大批涌入书店。我们忙死了，我便要求负责仓库的店员雷蒙上来帮我一把，回答一下学生们的问题，至少尽量让他们安静下来。雷蒙是个模范店员，办事效率高，而且很忠诚，但他很少看书，是负责仓库的。他身材不高，但镇得住场，赢得了大家的尊敬。可惜，他的声音太粗，所以，后面发生的事情让人非常遗憾。我们的雷蒙急切地问排队等候的一个女生：

　　"您好，小姐，我能帮您的忙吗？"

　　"我找《包法利夫人》。"

　　于是，诚实的雷蒙踮起他小小的脚跟，用他洪亮的声音，对着现场的30来个客人说：

　　"在场的有没有一个叫包法利夫人的？"

　　这类小故事或笑话，我们积累了很多，经常讲着玩，但并不想讽刺或伤害某个人，因为在这种场合，出笑话最多的还是书店的店员。一天晚上，我失去了耐心，关门前15分钟，一个勇敢的年轻人走进了书店，对我说：

---

① 让·热内（1910—1986），法国作家，幼时被父母遗弃，后沦为小偷，在流浪、行窃、监狱中度过大部分日子。他在狱中创作的《鲜花圣母》《玫瑰奇迹》在很长时间内被认为是"恶之花"。因为小说描写了许多禁忌问题，如同性恋等。

"我要找一本漂亮的书。"

"是送礼吗？"

"不是，我自己看。"

"您要什么类型的书？什么题材？您喜欢看什么样的书？"

"我不知道，什么样的都可以。"

我保持平静，耐心地向他介绍了许多漂亮的书，其中包括"天才与现实"丛书，并对他解释说，好看的书并不一定意味着书价高。他不知道，回答说什么都行。这样谈了一刻来钟后，我看了那人一眼，说：

"这样，先生，我看您并不想买书，您这是在浪费我的时间，我几分钟后就要关门了，我还没吃晚饭。现在差不多9点了，所以，请吧，离开这里。"

"可我要买书，也许还不止一本。"

"行啊，拿一本走，然后说再见！"

"好，请原谅，我5分钟后回来，我去趟银行。"

"是这样啊，代我向银行家问好！"

我控制不住自己的情绪了，我很疲惫。今天将以这样一个可怜的小伙子结束我的工作吗？我用钥匙锁上门，准备核实现金收账。

谁知那小伙子又回来了，咚咚咚地敲我刚刚锁掉的门。

怎么办？

我最后还是把门打开了：

"听好了。书店关门了，我已经在清点钱。有人在等我，我很急。晚安！"

"好吧，我买了。"

"您要买什么？"

"那套丛书，您给我看过的那套丛书，我想是'现实'什么的。"

"行。要哪本？"

"整套。"

这对我来说是很好的一课。永远不要对顾客发火，也不要有偏见。那位先生，他现在是多么可爱，他买走了整套"天才与现实"丛书，差不多500加元啊！离开书店时，他对我说：

"先生，您对我很有耐心，非常感谢您。"

我以后再也没有见过他。

在那个时候，开书店已经有许多问题。怎么才能把这种生意做大？因为这确实是一门生意，有高潮，有低潮，库存太多，顾客太少，赊账太多，总有不少负面的地方。我们一直在等待比以前更好的事件或时期，节假日、开学季、图书馆订货，由于法律的新规定，他们现在必须在当地书店采购。有时，只需一场暴风雪、气温很低或者很高、一场冰球赛、经济状况不佳……我就不一一列举了，书店就门可罗雀。

还有，在柜台后面站了那么多年，我想变变了。我先后买了那栋高大的建筑和凡尔登文具店，几个月后搬进了那两家相邻的商店，它们早等着关门那一天。我现在的场地相当大，我把它分成三部分：书店、礼品店（卖唱片和其他东西）和文具店。店名也改了：联姻书店改成了凡尔登联姻书店文具店有限公司。我越来越不喜欢这名字！经过大规模的装修，我雇用了十五六个人，我们现在走向辉煌了。总之，我们希望如此。我们只埋头干活，可客人习惯跟我聊天，在价格上要点优惠、赊点账、提供一点额外服务。现在我差不多消失了，他们开始抱怨。我坐在后间的办公室里，越来越少跟读者接触。后来，有一天，我罕见地跟家人吃饭时，儿子斯特凡批评我说："爸爸，我们都见不到你了！"从那天起，我便越来越多地跟家人在一起。和孩子们和妻子在一起的时刻是无与伦比的。随着年龄的增大，应该记住与所爱的人一起度过的美好时光，它填补了我们对爱情的需要，让我们回忆起甜蜜的过去。今天，它还带着一点忧伤，温暖着我的心。

让我们回到现实，再谈一谈这卖书的地方。

许多年后，我意识到我们在凡尔登范围内无法再扩大和发展书店。那里的人在蒙特利尔上班，我应该到那里去开店。至于文具店，我一点都不感兴趣。我想要的是其他东西。我喜欢画册，我妻子则对大自然感兴趣。所以除了文学书，我们在这两方面的书都非常齐全。关于本地艺术家的画册很难找到，本地作者写的关于大自然的书就更少了，一本黑白图片的书或手册，差不多就是全部了。客观地说，在鸟类方面，我们至少还有……两本书：《加拿大的鸟类》，格德弗雷著，加拿大自然科学博物馆1950年版，我在20世纪80年代与该博物馆合作出了新版；还有一本是克洛德·梅朗松写的《可爱的邻居们》，魁北克动物协会1954年出版（图片是黑白的），剩下的都是欧洲或美国出版的。

4. 世博会之后

　　1967年蒙特利尔世博会后不久，我遇到了瑞士驻蒙特利尔总领事博韦先生。他刚刚从朝鲜回来，准确地说是从板门店回来。这是冷战留到今天的唯一痕迹。1953年，《朝鲜停战协定》签订。作为联合国的观察员，他现在很高兴来到蒙特利尔，这是另一个世界。

　　世博会的瑞士展馆设立了一个非常漂亮的书店，由瑞士公权基金会负责，其实就是瑞士的艺术委员会。博韦先生向我打听魁北克读者的阅读口味。我当然急于表现对祖国的爱，强调说，这里的参观者来自世界各地，瑞士图书在整个展览会期间都很受重视。但展览会后该怎么办？瑞士不可能把书都运回国内，其中大部分都是出版社赠送的。不能送人，应该卖掉。但我的书店不是瑞士书店，而是面对所有的书。瑞士公权基金会拥有8万加元的预算来宣传促销，组织当地的展览，其实用不着那么多。于是，全省的14个城市同意展出瑞士图书。我们和领事馆一起，组织了这些展览，我负责联络书店和图书馆，设法把剩下的书卖给他们。几个月后，只剩下几百本书，我卖给了凡尔登图书馆的安德烈·富蒂埃。瑞士公权基金会通过博韦先生，建议我留着这笔钱作为"辛苦费"，这并不辛苦，而是一种快乐。

更令人高兴的是，不久，我接到领事馆专员伊韦特·泰雅尔小姐的一个电话，向我转达了瑞士出版商们的请求，希望我能替他们发行和销售图书。几个月后，出版商们又直接向我打听消息。其实，我已经是他们当中几家出版社的客户：弗里堡图书处，其代理埃玛纽艾尔·克拉克几年后成了那里的大老板；阿米·吉夏尔，这个名字我永远都不会忘记①，他长得酷似乔治·布拉桑②；阿涅丝·德拉肖，德拉肖出版社创办人的女儿，这家出版社后来被大卫·佩雷特收购，但一直使用这个名字。佩雷特是瑞士法语出版界一个很有故事的人物。

我想见见他们，至少要见其中最重要的十家，让他们把书发到加拿大来。当然，对于图书发行，我并不了解多少。我知道在魁北克，阿歇特集团基本上控制了法语图书的发行市场，其网络分布到所有法语地区。瑞士出版的书也有发行需求，但找不到渠道，而魁北克和法国甚至在运费上都已达成协议，不仅在图书领域，在别的领域也同样，瑞士似乎差得远呢！必须推一推他们，建议他们做些新的活动，以便最终能在魁北克销售他们的图书。"没有钱，就没有瑞士"，我又想起了这句话。所以，应该大大地许诺他们，没有太阳也有月亮。设想一下一个有600万人口的市场，而瑞士的法语人口当

---

① 阿米（Ami）在法语中是"朋友"的意思。
② 乔治·布拉桑（1921—1981），法国著名歌手。

时只有80万。以前确实没有好好考虑过，现在该勇敢地去尝试了。

于是我开始跟很多人见面，第一个是协会总干事罗贝尔·朱诺先生，人非常热心，爱帮忙，几个星期后，他在洛桑的阿加西兹路接待了我。后来我又一一去刚才已经介绍过的那些出版商那里，加上巴科尼埃尔出版社的奥塞先生，我是去纳沙泰尔附近的布德里看他的。去他办公室，必须经过一条用书建造的隧道。那真是一个杂物堆放处。奥塞先生不断地出书，就像50年前一样。我还在纳沙泰尔见了格里松出版社的马塞尔·若雷，这是一位出版人兼作家，他那套"金库"小丛书非常漂亮；在伯尔尼我拜访了库梅里&弗雷出版社的弗雷，他专门出版地图和导游手册；在洛桑拜访了皮埃罗出版社和帕约出版社，还去了日内瓦大学的乔治出版社，以及一直在日内瓦的好风出版社，其他出版社也同意我当他们的加拿大代理，还不算图书协会出版社，其创始人阿贝尔·梅尔穆我在前往加拿大那个广阔的天地之前就见过，后来成了我的一个好朋友。

我真的很喜欢这家出版社，它每月印一本小册子，我的名字赫然印在上面。一切都让我充满信心，要好好完成在魁北克给他们发行图书的神圣任务。我取得了一些可喜的成功，尤其是德拉肖-内斯特莱出版社出版的心理学教科书，其中《童年与社会》销得非常好，以至于他们在重版时把我的名字也印在了书上，作为合作出版人。他们也出版泰莱丝·古恩-德卡里的著作，那是罗梅尔·德卡里总理的孙女，也是在这家出版社出书的唯一一位魁北克作者，他们出的关于罗伯特·贝登堡勋爵（童子军组织的创始人）的书也很受欢迎。

但瑞士出版界朋友的书只能说成功了一半，因为他们不给发行商代销，你拿了书，就得付钱，不能像现在我们通常所做的那样，卖不掉的书可以退回去。今天，只有印刷厂不能把我们卖不掉的书收回去！可这个办法，为什么不去问问他们呢？

我雇了一个销售代表，专门跑魁北克的书店，但他没有坚持多久，因为几个星期后，他告诉我说，他害怕过桥，尤其是尚普兰大桥（40年前应该就有先兆了①）。后来，我又雇了一个秘书，也就是帕尔拉·苏桑，非常忠诚能干，后来她丈夫也成了一个办事效率很高的售货员，至少在几个月当中是如此（这对可爱的夫妻后来离开了我这里，成立了自己的发行和出版公司）。

这些新业务占用了我很大一部分时间，最后，我问自己，我还有多少时间用在书店上？书店这个行业比其他工作更有趣、更有活力。我犹豫了，我早就清楚地知道，很难同时做两件这么不同的事情。在图书的发行方面，我得给书店赊账，而自己从瑞士的出版社那里进货，我要一直付现款。所以，德拉肖-内斯特莱出版社有那么多旧书卖不掉，我不知道该怎么办。因为出版社不可能把书拿回去，更不用说到瑞士的运费了，高得很。医学和理论书曾给那家出版社带来辉煌，但

---

① 该桥为蒙特利尔最长的桥之一，现已老化，出现多处安全隐患，近年来不断维修加固。

现在不行了，没有人再要这类书了，除了位于谢尔布鲁克路的牧师资料中心及几个牧师。

但我还是记得我的几个最优秀的客户：尚比尼书店当然名列其中，还有魁北克城的加尔诺书店，谢尔布鲁克市的教学中心、保琳娜书店，吉·布里松创办的弗拉马里翁书店，布里松后来成了我的作者之一，拉瓦尔大学和蒙特利尔大学的书店。我的场地已经显得太小了，我得考虑搬家，把两种经营活动分开，再找一些出版社，总之，不要限于瑞士的出版社。于是我去联系巴黎的美文出版社，可惜，这家出版社对教师已经没有吸引力，因为它当时主要出希腊和拉丁的名人经典。

我经常回瑞士去见出版商，希望能找到更好的合作方式。代销不过是处理部分滞销图书的一种方式，它们已在经济上压得我喘不过气来。但为什么要改变，既然他们对现状很满意？只有德拉肖同意了，建议我把卖不掉的书退回他们。

我回来时有点失望，但还是决定继续做下去。法国出版商已经采取这种新的办法，跟魁北克的新发行商合作。

后来有一天，我收到了德拉肖出版社大卫·佩雷的一封信，问我是否有兴趣购买一本关于北美鸟类的手册，那是一个美国出版商刚刚向他推荐的。除了心理教学图书，德拉肖还出版许多自然科学方面的书，现在还接着出。我跟弗朗索瓦丝商量，她毫不犹豫地回答说：不！这本书应该由我们来出，应该是他向我们购买，卖去欧洲。她跟我一样，知道这方面的书在我们这里很难找到。我们将尝试一下，再冒一次险。

·

5. 温暖的小家庭

关于这段幸福的时期，我不打算讲太多。我和弗朗索瓦丝的家庭生活过得非常美满，后来有了孩子。大儿子斯特凡出生于1960年，二儿子安托万出生于1963年。几年后，直接从尤维尔托儿所抱来的女儿们给我们增添了快乐。我的家庭生活是一个美好的故事，我有一个难得的妻子，精力充沛、爱心洋溢，可惜走得太快。她将永远活在我们心中。

两个儿子的出生，仿佛就在昨天，我记得很清楚。斯特凡出生前夜，弗朗索瓦丝仍在书店里为顾客服务，其中就有她的妇产科医生，问她为什么还在干活。第二天早上8点30分，她突然分娩，那是1960年7月22日。这是上天给予的礼物，因为这个早产儿给了我们很多快乐，让我们在这个艰难的世界中得到了不少安慰。他的腿是瘸的，一直没有治好，今天还是如此。但他是一个善于表达感情、善于表达对父母的爱的人。他外向、热情，总是非常和蔼，脾气很好。

他弟弟安托万是三年后来到这个世界的，6月6日（盟军登陆的日子）。他可没有早产，而是一个胖小子，身体非常健康，母亲把他叫作"我的胖娃娃"。这是一个内向的孩子，但很善良。他永远都这样，很少发火。他讨厌读书，而是喜欢野外，这肯定不是从他母亲那里遗传来的，他母亲儿童时期和青少年时期都是认真的学生，其实毕生都是如此。安托万从事出版业，拿他的发行商的话来说，是因为"嗅觉"。他出版了一些我想都不敢想的书，但他很少弄错。他不像哥哥妹妹那样善于表达自己的爱，但这在我看来，并不意味着他缺乏爱。

我母亲有五个儿子，却一个女儿也没有。我还不错，不过医生告诉我们，弗朗索瓦丝不能再生孩子了。可我多想有个女儿啊！弗朗索瓦丝明白。没关系，我们去领养一个，她对我说。于是，安托万出生几年后，我们去尤维尔托儿所抱回了伊莎贝尔，三个月大。不是我们选的，因为那是弗朗索瓦丝的妹妹塞琳娜从医学院毕业接生的第一个婴儿，也是这位年轻医生所经手的第一个被领养的女婴。感谢老天把她赐给了我们。这是一个漂亮的婴儿，我还记得我们很怕失去她，担心领养手续办完之前她的生母改变主意。后来，弗朗索瓦丝说，两个哥哥会让她感到厌烦的，她需要一个妹妹。女人需要的是……我没有反对。于是我们又回到托儿所，抱回了也是三个月大的瓦莱莉，比伊莎贝尔小一岁。

我还能怎么说呢？女儿往往对父母更亲，更在意，更关心。对我们来说，我们一点都没有把她们当外人。过去是，现在还是，我们无条件地爱孩子们。这并不是说男孩就没有爱心，而是说他们表现出来少一点。反正在我们家是这样的，许多别的家庭可能也差不多。

我还记得我们过于短暂的休闲生活，露营，然后是开着大房车长途旅行：佛罗里达、新英格兰、加斯佩，甚至一直开到温哥华。那是一个美好的时期，我们开心地和孩子们生活在一起，他们活泼，跟我们很亲，喜欢到外面活动。今天就不一样了。我没有时间，至少是没有足够的时间去照顾他们，照顾我的孙辈们。也许有一天，不远了……因为不应该跟命运开太大的玩笑。我总是对自己说，我要退休了，照顾我最宝贵的东西。天意总是这样在召唤，可惜，时间在无情地流逝。

跟出版商过日子

比跟基督踏浪还难。

——里瓦罗[①]

第六章
改行做出版

---

① 安托万·里瓦罗（1753—1801），法国作家、记者。

1. 跟发行商打交道

这个新的伟大计划很美。看到这里没有人出版关于大自然的书和画册，我们想了好久（许多订单我们无法满足）。

可销售不佳，书店怎么办？而发行却似乎前景看好。我们知道，要从事书业的这三项活动，我们的休闲时间将更少，更见不到孩子，我们整天只知道工作。还有资金问题怎么办？因为要成为出版商，据我们当时所知，腰板必须硬。做美梦是没有用的：要现实，要有计划。

办法来了。我想到几个人，他们打过电话给我；还有几个客户，他们梦想当书商，曾向我咨询。我假谦虚？我不这样认为。我千篇一律地这样回答他们："跟你们的父母谈谈，假如他们还有点存款，但你们以后是不会还钱的了，这是肯定的。无论如何，他们会犹豫的。那就问问你们的银行，他们也许会建议你们买国库券。"

你们的父母和银行都有道理。并非所有人都会同意我的意见，但你们的银行和父母的意见今天尤为正确。然而，卖书和出版又是多么美好的行业啊！

回到鸟类手册上来吧！我联系了那个出版商，他在威斯康星州的拉辛非常有礼貌地接待了我，说如果我想正式购买法语版权，要预付他一大笔定金。我把翻译的任务交给了米歇尔·德费。德费是瑞士讲法语的鸟类学家，华盛顿史密森尼学会的助理研究员，颇负盛名。书出版的前几天，一个叫马里奥·韦尔东的朋友，当时是个画家，突然跑到我家，问我要了一本，他要在加拿大电台的早晨节目里谈谈这本书。结果，连续几天，鸟类爱好者和书店的电话不断，纷纷问我要这本书。书到了书店之后，新分类法的支持者之间发生了小小的争论，尽管重印时修正了，但鸟迷们的这场战争持续了好多年。关于这本书的巨大成功，接我班的儿子"禁止"我说出数字。发行商和印刷商都觉得印数太大，但上市三个星期后，我们就不得不重印了。我马上打电话给位于路易丝维尔的印刷商让-皮埃尔·加尼埃，安排新的订单，他回答说：

"太好了！祝贺！我看您是想在初印数字上翻一番。我接您的新订单！您只需先付我第一次的印刷费就可以了。"

出现了个小问题！不，是大问题，因为我当时的发行商（蒙迪亚）三个月以后才跟我结算，不想预先支付已经卖掉的书的书款，因为，根据他的逻辑，书店还没有跟他结算。这没什么关系，把房子抵押出去，问题就解决了。但我的银行顾问持保留态度，他已经把我当成"艺术家"了，在他嘴里，这可丝毫不是在恭维我的艺术才能。

那就让我们来谈谈当时的发行商吧！

我认识蒙迪亚的老板里曼，那时，他专做发行，后来才从事教材的出版。前几批自然手册的成功让他大吃一惊，但他似乎不明白，到说好的期限就得付款，于是我每周都去找他。有时，他欠我两万加元。没问题，一杯好咖啡，神侃一通，先付500加元。我都快晕倒了，每个星期都要跑去找他们的会计。我尽可能地忍受这种状况，但该发生的事情还是发生了，差不多4年后，在律师的建议下，续约前3个月我中止了合同：我几乎要天天去催债了。我马上就收到了法院的传票，我上了法庭。诉讼持续了三天，法官认为我有道理。

我还以为我能拿到欠款，但是没有，因为诉讼是关于违约，而不是别人欠我的钱。几万加元啊！他们告诉我，案子可能会拖上几年。唉，算了吧，过去的就让它过去了，最后那个发行商只给了我一千美元，我也只好同意了。

跟另一个发行商闹得就更离谱了：法美发行公司的老板兼总裁米歇尔·阿巴齐乌巧妙地说服了我（我那时很天真），让我相信他是最优秀、最能干的发行商，将把其他出版商都一一"埋葬掉"。作为一个发行商，如果他认定自己也是干出版的料，麻烦就开始了。本来，他只赚他的发行费用就可以了，而且，他手中确实掌握着一个金矿：《罗贝尔法语词典》的发行权。他慢慢地在书商当中占据了一个不可缺少的重要位置。做出版是他犯的一个错误，他不知道，在出版界，钱更是战争的根源。他付我钱，毫不费力地签支票。一沓支票……填迟日期的支票。1984年7月13日星期五，我和家人去加拿大西部度假。临行前，我把那沓支票给了我的邻居和朋友德尼·吉尔贝，皇家银行康迪亚克分行的经理，他一直把我当作是一个艺术家，准备根据支票上的日期把它们存进我的户头。下午，德尼打电话告诉我，当天的支票是空头支票，后面的那些也一样。

又是一场灾难。卷起袖子准备战斗吧，追寻真相……与金钱。我从一个负责里昂信贷银行、蒙特利尔银行、巴黎国家银行的法院执达员那里得知，一切都被查封了，包括我的库存。

我首先得弄回我的书，那是代销的。对我的律师来说，在判决前拿回被查封的东西并非难事。我开了一辆大卡车去，拉回给法美发行公司代销的书，因为是代销。可是，拉回的库存和账面显示，二者相差超过15万加元。就算销售报告不"完全"准确吧！几个月后，法庭判那家发行公司破产。结果，连同律师费用，我共损失了16.8万元。这在当时是很多钱了。具有嘲讽意义的是，我仍被当作是上述破产的清算者，收到了20加元的车费，前往蒙特利尔法院。

查封几天后，波罗克发行公司的帕凯特和圣–让来找我，建议我以后跟他们合作，该公司当时已经很出名，被认为是魁北克图书的主要发行商之一。他们让我今后出版的书和已经出版的书都让他们发行。有人建议我跟先前的那个发行商一样，宣布破产。我拿起电话，请求我的供货商们保持耐心，我会履行自己的一切承诺。我说到做到，因为我非常幸运，别的成功在等待着我。

新的成功，是，但也可以说是新的失败。更严肃、更清醒、深受出版商敬重的发行商是能够并且会花时间给他们建议的。当然，谁都有可能犯错，没有什么是一定属于你的。但总的来说，发行好是长期有效的合作结果。而财务状况健康，销售量上去了，稿子就会越来越多，只要挑选好稿子就可以了。

关于今天的发行，我稍后再说。事情已经完全变了，人们却很难摆脱那个体系。

2. 涉足出版

你会碰到好书、畅销书，也会遭遇很多失败，卖得好的书能弥补亏本的书。

这就是出版。所有的出版人都有可能看走眼，有时，后悔得肠子发青。我个人认为不错但卖得不好的书，我就不一一列举书名了。我曾对一本书寄予厚望，那是该领域里开创性的先驱之作：《危险之中的自然》。20世纪80年代出版的这本杰出的科学著作，介绍了加拿大受威胁的大量物种，有动物，有植物。但一败涂地，我赔了钱，真的，不是开玩笑。

在文学方面，这就更难了，和大家以为的都相反。我太……"害羞"了，不好意思把失败都说出来。不过说真的，失败很多。还是说说成功的经验吧，可以给人鼓励，比较积极正面。今天，我之所以能不依靠银行，还要感谢魁北克的鸟儿。别那么快下结论，我在瑞士没有账户，倒是有几个好朋友，其中一个叫让·齐格莱，他动不动就批评银行，首先是瑞士银行。

不开玩笑了！除了鸟类，我在20世纪60年代中期到70年代还出了许多地球平面球形图，那不是书，而是一些资料，借助一个小滚球，可以在晚上的任何时候，在任何高度找到天体的位置。我在所有的法语区卖，后来还卖到了美国和瑞士的德语区。很多年以后，我在爱琴海的基克拉泽斯群岛坐帆船旅游时，有个女游客在想一个星星的名字，另一个女游客对她说，她回船舱去找份资料，上面能看到天空。她拿来的就是一张地球平面球形图。你看我多么低调。今天，这类资料已被电脑所取代，但它永远有自己的位置，尤其是在夜间。

阿尔法地球平面球形图

在凡尔登的新文化中心，领导还是安德烈·富蒂埃，他是图书馆馆员、中心的主任。他经常组织画展，大部分都是形象艺术。中心成了一个不可或缺的地方。作为主任，他贡献了自己的许多时间，镇政府没有找到他的任何不是。对他来说，工作是一种乐趣。一天，他来看我，建议我出版一套关于当地画家的书。这正合我意，我早有这想法，因为读者经常到我们的书店里来找关于魁北克画家和雕塑家的书。

富蒂埃组织了一次画家聚会，其中包括让-保尔·拉杜舍，加拿大水彩画协会的创始人，曾在加拿大国家电影办公室、加拿大电台和联合电视台工作过，他的动画片《邻居们》获得过奥斯卡奖；他的好朋友让-马克·布里埃也来了，还有艺术磨坊的画家阿贝尔·卢梭。这些先驱将入选新丛书"签名"，前两本是拉杜舍和布里埃的作品，丛书将分53册。但批评的声音马上就来了，首先是关于入选的原则，为什么不选抽象艺术作品？后来我还是出版了一些，比如路易-雅克的作品。"为什么是他而不是我？"有的艺术家问我。其中的一个评论家指出，纳西斯·普瓦里埃唯一的优点就是活到了100岁。

《责任报》评论员吉尔·代尼奥尔算是一个很和蔼的人了，在艺术方面是个行家，但他对我也很不客气。可读者喜欢这一选题，数百人买齐了丛书各集，甚至包括他们不喜欢或不太喜欢的作品。这套书的美好历险可能持续了25年左右。与此同时，我也出版了一些关于某些名画家的大书：克拉朗斯·加尼翁、汤姆·托马逊以及雕塑家伊夫·特鲁多、罗杰·卡瓦里。

那些年里，我遇到了许多画家和若干雕塑家，他们好像是艺术最后的穷亲戚。拉杜舍是个认真、专业和苛刻的人，他的朋友布里埃也是，很活跃，非常友好。两人都以为我复制他们的作品赚了许多钱，其实，我只要求他们允许我复制这些作品，而且付了版权。其他人有的要求太高了，我觉得都有点丧失理智了。

我听到的最多的，是"我不想和某某艺术家出现在同一套书中"。换言之，"他不配跟我在一起"。妒忌从来就与人相伴。为什么他排在我前面？为什么他是大尺寸而我不是？老婆或情人也有话说，她们往往都很注意维护先生的利益。她们都很可爱，但不应该认为我是来"剥削"他们的男神的。

我那时候说到就到，比现在有空。我跑去魁北克、七岛市、圣让湖见艺术家们（迪马、西格玛、伊阿库托等），有的犹豫不决，有的——这部分人占大多数——只求快点出版，有一本书专门登他们的作品，何乐不为？大家都想利用出书的机会来提升自己的价值。有的收藏家是为了让自己的藏品升值，因为作品上了书。艺术家们信任我，知道我会监督作品复制的质量，交由评论家和作家写的文字也能保持公正。我想起了阿尔弗雷德·佩兰，我跟他相处很好。他起初很不信任我，犹犹豫豫，什么都要过目，无论是文字还是复制的图片，什么都不能漏过他的眼睛。他要求一切都要得到他的认可，尺寸、封面、纸张、装帧……一切。我认识法国南锡的一个印刷商，他出的价很低，所以我就让他来印刷。这个印刷商是法国最后一个用照相凹版印刷术印刷的人，我总是记不起他的名字。有一天打电话他给我，说要坐飞机过来让我认可样品的颜色。好啊，但这也必须得到佩兰的认可。几天后，那位印刷商从洛林赶到，没有穿木屐来①。我去机场接他，要直接把他送到佩兰位于奥特伊（后并入拉瓦尔区）千岛路的家。

"没有问题，"印刷商说，"印得非常漂亮。"

在那座漂亮的石屋楼上的画室里，我们刚把清样在其中一张大桌子上展开，佩兰匆匆扫了一眼，就大声地说：

"这不是我要的红。"

"请原谅，佩兰先生，可您看都没看啊！"

"布罗凯先生，我跟你说了，这不是我要的红。没有人比我看得更准。我有我的红，我知道自己在讲什么。"

我很沮丧，那个印刷商倒是君子，马上安慰我说：

"没问题。我下个星期再来。"

他真的来了。我又去机场接他，希望这次的红真的是"佩兰红"。

我们一到，就把样品展开，佩兰大叫起来：

"太好了，这正是我的红。你们可以动手印了！"

"佩兰先生，您还没有好好看呢！"

"马塞尔先生，别生气，我认可了，我在所有的样品上都签字。"

大家都松了一口气。我们将继续工作，那本非常漂亮的书印出来之后，在老港的圣皮埃尔路博物馆举办首发式，但佩兰没有到场，他生病了。

---

① 法国有一首很出名的歌，歌中唱道"我来自洛林，穿着木屐"。此处是作者的一个文字游戏。

阿尔弗雷德·佩兰常常跟我提起"他的朋友"博尔杜阿。可是,过去几年,在这两个老伙伴之间,气氛并不友好,对魁北克绘画史感兴趣的人都不会不知道。有一天,我应邀去佩兰家里喝茶,他太太玛德莱娜招呼我走到窗边,对面是一群奶牛,有白点的,有黑点的,就像瑞士的弗里堡地区一样。佩兰对我说:

"你看,它一直在那儿,看着我。"

"谁?我只看见一群母牛。"

"那头不吃草的奶牛,它几乎从来不吃草,整天都在看我。我对你说,那是博尔杜阿再世。"我一直不知道他是说真的还是开玩笑。

很久之前,我还有一个写艺术类图书的老作者,就是雅克·德卢桑。他身材高大,声音庄严甚至有点空洞,写东西速度很快,"签名"丛书的许多文字甚至译文编辑都由他负责。

"得生活啊!"他对我说。他喜欢他的行当,总是有空,经常"途经"我当时在康迪亚克所住的街区,差不多总是中午时分来,那时他饿了,他会直接地说出来。他对我家冰箱跟我一样熟。我这样说并无任何恶意,他配得上吃我一顿小小的午餐。作家这个行业得到的回报不多。一天,我决定跟德卢桑这个老兄好好谈谈,他老说著名的萨德侯爵①是他的祖先。

---

① 萨德侯爵(1740—1814),法国贵族、作家,以情色作品和哲学书籍闻名,成名作为《索多玛的120天》。

"雅克，我跟不上你的速度。我手头有很多事要做，十多个画家在等我出版他们的书。你得停一会儿，出书需要时间。现在这样会让活钱变成死钱，我周转不过来，太多钱被冻结，这种节奏，我永远也赶不上你。"

从那天起，我们之间的关系就冷淡了。再也没有预付金，再也没有译文，再也不去开冰箱了。

很简单，因为德卢桑成立了自己的出版社，集中精力去出关于艺术家的书去了。这是他的权利。

这是出版方面的一个美好故事，但靠的是……鸟类、多年生植物、一年生植物、蘑菇、野花、树木、蛙类、野草和数百万种昆虫。

因为自然方面的图书占了我们所出种类的很大部分。除了鸟类，环境和园艺方面的书也给我们的职业生涯带来了好运，弥补了出版艺术图书所造成的亏损。

拉里·霍格逊著的《懒园丁》一点都不懒，除了书名。

在出版拉里的第一本书之前十多年，我就在魁北克的图书沙龙上见过他。当然，他并没有等我去给他开辟道路，但他对出书信心不大，尤其是那么厚的书。对他来说这是一场挑战，但对出版商来说挑战更大，因为他是用法语写作的英语人士。别忘了这是一本600多页的书，你一定能想象得到，当发行商看到这本《多年生植物》的时候是什么反应。650页，定价50加元。

"这么厚的书卖不掉100本。太厚了，谁会买这样的书？50加元，想都别想。"来自发行公司的这么多问题和批评早就应该让我们泄气，放弃出版这本书。然而，他们弄错了。后退已经来不及了，尽管我也开始生疑。然而，我没看走眼。今天，20多年之后，这位"懒园丁"出了差不多25本书，真的可以休息了。但他没有，一直很活跃，到处接受采访，组团旅游，去巴厘岛和世界上其他迷人的岛屿发现美丽的花园。拉里每年都能设法写出一本书。

这是出版社成功的几个例子。当然，这是搞出版好的一面，而任何事情都有正反两面，不好的一面是：书出得太多。

3. 爱妻的离去

没有，绝对没有任何东西能让人想到会发生这样的悲剧。

1994年9月27日，我们在瑞士的采尔马特。那年是我们结婚36周年。

我们在那个神奇的地区爬山，我勉强爬上了塞文山麓的荷尔林木屋，一直爬到3200米可不那么容易。弗朗索瓦丝不怎么习惯爬山，在1000米下面的小湖区旁边等我。

我们吃了一顿丰盛的瑞士奶酪火锅，配以大蒜和樱桃酒。吃完后我难受得要死，直到第二天早晨，但没有任何东西能阻碍我们继续美好的旅行。多年来，在法兰克福书展开幕之前，我都会这样。

第二天一大早，我们就下山来到瓦莱州首府锡永，准备在旅馆里住一个晚上，去这座瑞士最古老之一的城市（上千年历史）和它的两个城堡瓦莱尔和图比永看看。

几个星期前，弗朗索瓦丝去看医生，做了一些测试和一项她以为是常规的检查。布泰医生觉得她脖子上的一个小包很可疑。由于没有消息，我建议她打电话给和我们住在一起的女儿瓦莱莉，女儿告诉她必须尽快地去见专家。她照办了，专家没有拐弯抹角，马上就告诉她，她得了肺癌。但别担心，他安慰道，能治愈的。

听到这样的消息，没有一个人能无动于衷。弗朗索瓦丝还是像她习惯的那样，十分平静，但我不得不走出房间，长时间地坐在人行道边，深受着我想我从来不曾有过的痛苦折磨。

我们想买直飞回去的机票，但买不到，只好经法兰克福转机，心里自我安慰说，现在许多癌症都能治愈，至少，我们期望能拖延很长时间。

这种病的痛苦我就不说了，我们当中的许多人都知道。我不知道该怎么办。我越来越觉得自己犯了罪，罪恶感一刻都没有离开过我。弗朗索瓦丝很少抽烟，但还是太多了。我知道，我对她说过，但毫无作用。无论如何，我今天仍然相信我本来是可以制止那个悲剧发生的。

当时，我还没想到她会死，但对一切都失去了兴趣。我忽视了孩子们，忽视了工作，我得集中力量去进行这一斗争。我们一起参战，我们会赢的，我愿意这样想，也说服了弗朗索瓦丝。

一年前，我们搬到了圣让附近的阿卡迪地区，弗朗索瓦丝忙着在大花园里种花。1995年秋，她经过努力，获得了全地区花卉协会大奖。她有理由为此感到骄傲。

我们在阿卡迪的房子

那年秋天，经过不间断的治疗，她的病情似乎有所好转。冬天，雪很大，我早上4点就起来打扫大门口，否则车出不去，我要去城里的医院看她。

1996年1月26日晚，我抓着她的手。快到凌晨4点的时候，我困得不行，在椅子上睡着了。我5点钟醒来时，她好像睡着了，但已经永远离开了我们。

这一离别让我和孩子们都悲痛欲绝，任何语言都无法描述我们的心情。我再也看不到她美丽的眼睛，再也听不到她的笑声了。我觉得一切都在梦中，我是在另一个世界里。

我突然感到如此孤独，任何别的都无关紧要，不重要了。一提到那些难忘的时刻，我就陷入麻木之中，感到一阵巨大的悲哀。今天，16年过去了，痛苦还没消失，我知道，它永远不会消失，我也不愿意它消失，千万别消失。

　　恢复，或试图恢复过来。好在还有孩子们，否则在这样的打击下还怎么能活得下去？工作，至少是试着尽我所能地投入工作。我干得毫无信心，头脑里只有一个念头：把生意传给儿子们。跟他们商谈了好多年，他们犹豫很久，最后终于同意了。在这期间，奇怪得很，尽管我意志消沉，成功却接踵而来，我是多么希望能跟弗朗索瓦丝一起分享啊！几个月中，先是《懒园丁》，后来是苏珊·布吕罗特的指南，那是魁北克作者编写的第一部魁北克鸟类指南。这几年，她应该也编写了20多部关于鸟类的书。几个月后，我就不需要再向银行求助了。我太希望弗朗索瓦丝能跟我一起分享这些成功了。一切都很顺利，销售量大得惊人，该重新推动我的孩子们来接手我的销售计划了。他们没有经济上的担忧，跟着我走就行，说不定两个孩子还可以联合经营呢！

　　最后，斯特凡显得很明智，犹豫了许久之后，他有一天终于清楚地回答了我："听着，老爸！我弟弟是我最好的朋友。我担心我们一合作，这种友谊就会破裂，大家不再说话。"

　　"恰恰相反，斯特凡，你们可以互相支持，共同工作，紧密合作，和睦相处。再说，我一直在，可以帮助你们，必要时替你们解决问题，我绝不会破坏你们的积极性和创造性，妨碍你们实现自己的价值。"

　　"不，我已经有了一个公司。卖天文望远镜并不容易，但我很好地站稳了脚跟。而且，如果我跟安托万合作，我希望他妻子娜塔丽也能入股。娜塔丽是会计，所以很适合。"

这不更好吗？为什么不三个人一起合作？没别的话说了，就这么定了。尽管他不久就为这个决定后悔了，但我想，他当初的想法是好的，必须尊重这种看问题的方式，况且这种办法很可能是最明智的。

4. 卖书与出书

1990—2000年间，图书的销售市场发生了很大的变化。许多新市场出现了，这对书店来说当然不是好事。多年来，有许多不是书店的商铺也在卖书，尤其是卖那些好卖的书，药店、杂货店、大商场都在卖书，后来又出现了一些打折的大超市：科斯科、沃尔玛等，它们大减价，当然只卖他们认为"好卖"的书。别想让他们去卖安德烈·纪德的《日记》、加斯东·米隆的《反向的男人》或是兰波、圣德尼·加尔诺的诗。总之，这类文学书有书店来卖，过去如此，现在依然如此。所以，我对一价制的态度是非常鲜明的。我不是说那些人无权卖书，恰恰相反。在这个国家，每个人都能以他们愿意的价格，卖他们想卖的东西。但要让书店不单能够生存，而且能够发展，就必须为这些共同的利益建立规范。因为给最好卖的书拦腰打折，就是想让书店关门，不管是连锁书店还是独立书店。

在离开出版业之前（此事还没定下来），让我就这个行业的运作直接说几句：大家都同意这是一个奇怪的行业，因为我们相信某本书有价值才会出版它。这本书"能走"，所以我们给它一切资源让它问世，把它打扮得漂漂亮亮的，宣传它的种种优点、特点和制作质量。作者感到很满意，通力合作；发行商说有信心让这个新生儿取得好成绩。首先，我们从收到的数百份稿子中挑选，总算发现了一部题材与其他来稿完全不同的稿子。从第一页开始，我们就被震惊了。作者很懂行，要不就是个天才。由于我们总是怀疑自己的判断力，便请两三个人一起来审稿，让他们给我们意见。这是集体阅读阶段。奇迹发生了：尽管在某些方面有些分歧，但三个人一致认为：非常好，行了，赶快出版吧！不要犹豫了，我强烈建议出版。初审交给了我们最好的编辑，编得很细，有时花费昂贵，尽管这一部分的创造性工作没什么回报。编的稿子返回给作者，他全部或几乎全部接受，但有时也会要求跟编辑商榷，必要时要求做些修改，这是他的权利。我们再全部过目。然后是复审，以保证再也没有任何小差错，也没有逻辑漏洞，没有重复，词都选得很恰当，书写无误，日期准确，句子没有毛病，不太长，也不太短，我就不一一说了。逗号，对了，逗号和分号要注意。

时间一天天过去，书已经出现在下一个季度的新书目录上。发行商希望你能按时出版，因为书店已经根据新书信息知道这本书要出。"别错过了这班船"，正如俗话所说，尤其是当书商对这本书也感兴趣。这种情况并不多见，因为他们每天都要面对上百种、上千种新书；出版商往往都觉得自己出的书好，但几乎总是高兴得太早；然后是排版，罗歇、约塞、克里斯蒂昂、奥利维埃或其他有创意的设计师上场。瞧，这里"有问题"，他或她不太明白，好像是编辑忘了什么细节，没有特别吩咐，返回来的稿子当然要由作者或另一个编辑重新检查。稍后，还有程序。作者会在最后一刻再换几个不得不换的句子，因为总有某段话他不喜欢或现在不喜欢了。于是换句，改掉最后的错误，一两个星期后，一切都寄给了印刷厂。印刷厂事先已经报价，给出印刷所需的时间，并且要重新检查稿子，因为页数变了，纸张的质量也跟以前选的不一样了。又是几天过去，还没印刷。不过，保持冷静，因为一卖就是几千册。我们在等样品。天哪！还有几个小问题，作者有两三处要改。然后，就等最后的结果了。书终于按时到了发行商那里。

确实到了。很漂亮，品相很好，封面和我们平常看到的不一样。不管还有没有小问题，我们都不敢再看一眼了。听天由命，感谢读者！我差点忘了，还要感谢愿意把它陈列出来，而且陈列得很显眼的书店。感谢评论家。然后，交叉着手指，等待着，等待发行商打电话或来邮件添货。这本书开门红，应该尽快再发货。没有退货，只有添货。

可是，这种情况非常少见。至少在这个阶段，因为最初的热情不能泼冷水。但几个星期后，没有添货，发行商却接到了退货，因为要给别的"杰作"腾地方。结果，你印刷了三千五千，只卖掉了几百本。当然，人们会告诉你，这是一本好书，甚至非常好。但为什么它成不了畅销书呢？要知道，那是促销的原因。我们做了促销。书评，尽管不多，但写得很好，不过没有打动读者。往往如此。作者要求出版社解释，他不明白。有时，他还会要求见面。他会想，也许别的出版社能做得更好。其实不会，因为我们的发行商都相同。我们的促销、宣传，我们所做的一切都让人满意。

幸运的是，有时会有一些例外。您想，应该能卖掉1万册，结果卖掉了5万。这将在很大程度上弥补那些不成功，有时被化浆的书。书太多了，太多的新书。出版社出得太多，这是事实。作者确实写得太多了。书店也应该像发行商以及出版商那样，对这些没完没了的退货负责。出版商老想着退货太多，所以不断出新书，越出越多，以弥补销售空白，免得断档。

退货是个非常难办的问题。书店会对你说，真的，新书太多了。他说得没错，免费寄样书的制度甚至也没能让他们好好选择。出版商和发行商希望他们的新书能放在好位置上，书店尽量卖书或者说至少把它放在显眼的地方。我开书店的时候并不退货，当然，有人马上就说了：是的，但那时书出得少，少得多。这是真的。20世纪70年代，阿歇特出版社才开始对卖不掉的书实行退货，但退货的条件还是很苛刻的。后来有一天，拉鲁斯出版社的代表来找我，建议我多进点他们的画册，并给了我一个退货的比例。如果我不退货，他们就多给我10%的折扣。我马上去抢货，因为那些书很好卖。结果，行业里的人都知道了。

退货是出版社的"黑兽"。有时刚刚重印，第一次印刷的却退回来了。有的发行商制定了退货的规则，有的则没有，书店可以在任何时候退回任何书。可能有人会对我说，不是这样的。也许在某些条件下，事情不是这样的。但实际上，就是这样，至少对某些发行商来说是这样。书店对此清楚得很，但如果他们成了出版商，他们会知道得更清楚。总之，我不希望我说出了所有出版商都头疼的这个问题就有人恨我。另一方面，我们也理解，书店不能再这样被那么多新书所侵袭。所以，为了各方面的利益，必须少出书，出好书。我们的文学创作很丰富、很活跃，好书虽然伴随着不那么好的书，但更多是带来杰作。现在，我要提一个问题：谁来继续出版高质量但不太容易找到读者的图书？我举个例子：在我们收到的众多来稿中，有个作者，就叫他马克斯·博歇吧，寄来了他的一本著作《蒙田人道主义散文选》。那是2011年8月。是的，我要问问你，谁会读这位先生的书？谁会出版？然而，大家都会不断地出版关于烹调、生活、心理方面的书，故事书，没完没了。

谁会出版诗歌呢？敢出诗歌的出版商肯定不是为了钱。出艺术类图书和某些散文也如此。关于这些越来越棘手的问题我可以写上好几页，弄清楚我们是否将在这条路上走下去。思考在这个巨大的杂货堆里，漂亮的书、好书是否还有位置。最后一个问题：大家都听到过这样的说法——这是一个了不起的作者。为什么这么说？因为他出了几十本书！那我们就说说蒙田吧！他只出了一本书。真的就一本书。难道他不是一个伟大的作者？

我乘机讲个小故事吧！

十五六年前，也许还要更早，在出版商协会的一次会议上，有人建议设立一个"最佳出版人"奖。我天生不是一个喜欢提反对意见的人，但我记得那天我站了起来，反对这一提议："请告诉我，"我问道，"您所说的最佳出版人是什么意思？"

我发现，"最佳"指的是获得最大成功的人，大家都知道这里说的是经济上的成功，钱赚得最多的人。胜算全在最有钱的出版社一边，而不是出版散文、文学评论的人一边，更不用说出版诗歌的出版社了。下一届出版商年会将选出得胜者。5个人最后入围，我是其中一人。我话说得太早了，但我没有改变自己的主张。没有最好的出版人，就像没有最好的杂货商一样，否则在某个特别的领域有专长的人怎么办？

我们这些搞出版的，什么都抱怨……或几乎什么都抱怨，抱怨缺乏资助，抱怨要准备那么多资料，有时得到很少，有时什么都得不到。我们也抱怨作者，当然，不是所有的作者，因为，总的来说，他们都很和气，很懂礼貌，往往都知道我们这个行业是靠运气的。但由于他们跟我们比较亲近，我就想"关系好，多照顾"。我们也抱怨记者，他们不明白我们刚刚寄给他们的是一部杰作，却把它给了他所喜欢的小姨子。他们收到成吨的书，但没有时间看。读者呢？阅读习惯改变了，他们只爱畅销书、写明星的书、讲丑闻的书，书不能超过200页，别太厚，但也别太薄。总之，可以说他们不再读很多书了。但我也知道，有的读者如饥似渴，很内行，知道怎么选择。不，他们读得并不比以前少，只是读法不一样罢了。这你是知道的，因为你一直跟得上我的思路。他们在电脑上读得也同样多，他们读越来越多的电子书，他们可能是在看书而不是在读书。这不是缺点，恰恰相反。我在看一本关于科西嘉的画册，看它美丽的村庄和它的竞技场。它的历史呢？我在另一本书上读。我看一本关于印象派的艺术图书，将来我会有时间阅读与此相关的文字的。所以，你读，我读，我们读，我们看。但有件事我还是搞不懂，我从来没有听说发行商之间互相抱怨。在我看来，这里面有蹊跷。总之，真相还是讲出来好，他们不会恨我的。

但我会恨他们，因为他们从用于新闻宣传的样书中拿走了我的书，却从来不看。这让我少卖了几百本书！算了，我愿意把我惊人的版权……献给基金会，用来帮助退休或贫困的发行商！

神奇新物品，大家都喜欢，也害怕，心想，自己永远都无法习惯它。也有的人盲目相信，认为它将代替纸质书。几年后，也许不会再有纸质书。证明是，有的出版商已经不出纸质书，只出电子书了。势头很猛。这是我们所听到的：永别了，好闻的油墨香。总之，那味道已经消失，因为现在不再在油墨里面放酸了。抚摸刚刚印出来的新书，那种快乐再也没有了！对我来说，这意味着忘记某种怪癖：到现在为止，我还是不让我的同事们打开刚到的新书，除非我不在办公室。有点像新来的小孩要接受我的洗礼。我们不再奉陪了，尽管电子书不可避免。我们的征订单上已经出现两种价格，纸质书的价格和电子书的价格。我们还在担心，但也在接受和赞扬。可以肯定的是，我们将习惯它。难道还有别的选择吗？

5. 作者还是作家？

　　我在某个地方读到：现在，四分之一的人在写作，换言之，四分之一的人在出书。这太多了。但对很多人来说，写作诱惑太大了。有的人经历非常特别，想告诉别人，让大家分享；也有的人一直想写东西，哪怕只是为了让自己高兴；还有的人是要创作作品。有时可能是一个报告，或者是长期科研或科学普及的成果汇编。于是出现了作者问题。

　　"作者"这个词有很多意思。所谓的作者，可能是坏事的作者、恶作剧的作者、玩笑的作者、概念的作者等等，这是一个被滥用的词。一个人可以是许多事情的作者，不是吗？您说您创作了一部文学作品。好，可你肯定这是一部作品吗？所以说，作者和作家之间是有区别的。你可以是高官，同时也是关于大城市贫穷问题的一项研究报告的作者，这并不能使这位作者成为作家。你可以是比利牛斯山的牧羊人，由于研究和大量阅读，当然，也由于有特别的才能，突然爱上了写作，于是写了一些很美的文字，关于放羊和当你的牧羊犬在看守着你的羊群时你周围的美景。你可以说这种情况很少见，但不是不可能。我至少知道有一个人是这样的。

一个作家，简单地说，就是一个懂得写作的人，他能遵守行业的各种规则。一个人可以成为作者，但不可能突然就成为作家。这个问题可以谈很久，别人可以谈得比我好。写作最重要的一点，就是阅读，大量阅读。

当一个作家，甚至是一个很有经验的作家，完成他自己所认为的杰作时，他得去找出版社。对一个新作者来说，这往往是巨大失望的开始。他根据朋友、作家协会、出版商协会或是书店的推荐选择了一家出版社。有的出版社专攻某些领域，十分明确，但必须指出，这种情况越来越少。他试着打了一个电话，想得到答复，是否能马上寄稿子过去。出版社的编辑没那么多时间就这个问题跟他长谈。书稿到了出版社，作者等待着，等了几个星期，甚至几个月。当然，如果作者出名，出过书，他等的时间就会短一些。门是开的，但评估还得走同样的流程。等待可能是漫长无际的，令人沮丧。

也有的出版社并不会告诉你是否收到你的稿子，有的从来不回答，有的只给作者回简短的打印信，其实也就是告诉你，稿子已经没戏了。当然，有时情况恰恰相反，编辑可能发现了潜在的畅销书，立即联系作者。商谈很顺利，不到几天，作者就拿到了合同。这种情况很少见，请相信我，因为出版社收到的稿子太多了。

就在我写这几行字的时候，从早上开始，今天是劳动节①，我已经收到3份书稿，达到了平均量。一年365天，我平

---

① 加拿大的劳动节是9月1日。

均每天收到3份稿子，一年就是1000多份，但我只能出版40来部，这还太多了。我亲自写回信，心想，这很难得了，这种情况不会持续太长。

第一部稿子是一个法国作者寄来的：

"您出版小说吗？我在法国试了，没有一家出版社感兴趣。"

我的回信很有礼貌，但非常简短：魁北克的出版人并不比法国的同行能力差。我们也有自己的尊严，就像高卢人一样。抱歉。

第二部稿子是一个已经出过几本书的小说家寄来的：

"这是我刚完成的小说。美洲魁北克出版社一年都不回答我，尽管我打了许多电话。你运气来了，我最后一稿月底寄给你。我希望这本书能在圣诞节前用法语和英语出版。你会在整个美洲都大获成功的。"他根本就不了解情况，还补充说："我等你的回答，最多给你两三个星期。"

现在是9月底，只有两个月来实现这位先生的梦想，这是不可能的。而且，我们只出版法语书，英语读者不了解我们。如果我们决定请审读委员会审读，他们肯定会大惑不解。译者创造不了奇迹，发行商会拒绝，明年二三月之前不可能出书。我们为什么要比美洲魁北克的同行要求低呢？这又是一个说"不"的原因。

第三部稿子很感人，是一位女士写的，她从小就受到虐待，青少年时期被强暴过，结婚后被丈夫毒打，如今一人独居，生活在贫困中。

很伤心，但这种题材很常见，很难写得好。而且，最不公平的是，读者已经不关心别人的不幸了。有钱人、大明星遇到了不幸，有了丑闻，他们才会关心，而不是一个普通女人的不幸。我多花了一点时间向那位女士解释，根据书稿的质量，我们不能录用，希望不要太失望。

作者往往都很有礼貌，懂得尊重人，也有耐心。他们关心的是跟书有关的问题，关心的是书的出版。当我们在出书的各个阶段都通知他们，他们会很高兴，感谢我们征求他们的意见。他们对最后的结果都充满信心，往往都把心里话告诉我们。有的作者还肯定地说："有了您，我一点都不担心。"杠杆变高了，可不要失手。但还是有作者什么都担心，什么都想知道，找编辑，找排版设计，还找发行商。发行商很不高兴，这是自然的。讨厌的作者比较少，但我还是要强调，有的做法还是要避免的，否则，双方的分歧会扩大。

有的作者拿到合同后一定要见面，可能还要花两三个小时一条一条来商讨，想弄清每一个条款的意思。一切都过一遍。有时要重拟合同，甚至完全推翻。

从版税率开始。为什么只有10%？好吧，我们根据销量增加比例。还有，你们宣传营销的预算有多少？举办首发式吗？组织多少场签售，在什么书店搞？在当地报纸上做广告吗？到法国的《费加罗》报做！如果作者去了里维耶尔迪卢①，没有在布歇书店见到他的书，那我们就惨了。如果我回答他说，去图卢兹②的弗纳克书店看看，他会生气的。出版商控制不了书店的选择，更左右不了他们的喜好，而且，每家书店的喜好都不一样。

计算版税时，我们往往担心作者的反应。几个月前，我碰到一位作者，他出了两本吸引人的小说，但没有获得他所期望的成功。那位先生试图给我上营销课，说他的书应该像电视上宣传的新手机那样卖。他最后明白了，对我很失望。

我还有一个作者，问我要订购了他的书的书店名单，还想知道每家书店订了多少，同时了解图书馆买了多少册。他还告诉我说，他去了自己街区的一家印刷厂，问那本书印两千册需要多少钱。那个印刷商回答他说："我不能'这样'印书。这本书是在跨陆印刷厂印的，据我所知，您的出版商应该花了2.5加元一本，2.5加元左右吧，看印数而定。"这人就不干了，打电话给我，差不多就要把我当成诈骗犯了。

"印刷费才2.5加元一本的书，你怎么卖到20加元？"

"像这样一本书，成本不是2.5加元。你的版税2加元，加上57%的发行折扣，发行商要给书店40%的折扣，自己留下17%，在欧洲发行折扣是60%。他的代理商们也不能白干，还有财会和仓储，别忘了其他费用：编辑、排版、封面以及一般性支出。出版商还要支付电费呢！加起来就厉害了。"

---

① 里维耶尔迪卢，魁北克东北部小城。

② 图卢兹，法国城市。

"好吧，就算你说的都对，但你还有不少资助。"

"我不想树敌，那些资助来自公共财政。我可以告诉你'资助者'的名单，你将看到，上述资助对我们出哪本书或不出哪本书没有任何影响。"尽管如此，我还是花时间把情况都讲给他听，想让他明白，他这本书最后在经济上是亏本的。我很想让印刷厂把卖不掉的书收回去，但印刷厂老板会觉得我这个玩笑开得太大。

尽管如此，我们还是继续和作者一起进行美好的历险。因为出书总有吸引人的地方，我们感到跟作者是站在同一边的，大家一起合作，甚至成为朋友，他们最后是会给我们丰厚的回报的。每当我拒绝出版某部书稿，我永远不会让作者说我不懂他的书，失去了好机会。这一点，我是很珍惜的。

和作者的关系有时很复杂，双方都需要有耐心。作者知道我们没有出他的书，但出了其他许多书，他还为自己的权利担心，不仅仅是稿费问题，还有抄袭问题。在抄袭这个问题上，出版商也很担心，因为他不可能百分之百地确认这个作者没有抄袭其他作者。不过，我倒是被抄袭过。作者首先通知我们，他发现另一本书抄袭了他的书。这是很常见的现象。有一天，我发现一个同行出版了一本关于大自然的新书，这完全是他的权利。我看了看，心想，这书怎么跟我的书那么像。作者一定参考了已经出版的书，当然，鸟的尾巴是红的你不能说成蓝的，但只需改动一下文字，换种方式说。

那怎么才能发现是抄袭呢？很简单。我的那本书差不多有500页，其中有5个小差错。你会说，5个错太多了，你说得对，但要知道，世界上是没有完美的事情的。好了，我把同行的那本新书拿来做了比较，在他的书中发现了同样的错误，同样的说法。怎么办？没办法。因为要证明抄袭是非常难的，要花很长时间，而且花费昂贵，最后只好放弃。所幸它对我们那本书的销售没有任何影响。剩下的只需说服……作者：

你应该感到自豪，因为有人模仿你。

6. 行业秘密

面对出版社的拒绝，考虑到出版周期太长，想到将来可以赚不少钱，还有其他因素吧，乍看起来，这些理由都很符合逻辑，于是有的作者便决定自费出版，换言之，他们自己来出版自己的书。只需找个好编辑。因为这是一个专业，作者很少能一个人保证各方面都做好。在这个世界上没有完美的东西，至少在出版方面是如此。毫无疑问，必须进行复审、终审。初审也许会建议重写，做些重要的修改，有时要完全重起炉灶。

我们的作者兼出版人还得排版、设计封面、负责印刷，费用肯定要比出版社所花的要高。作者可能想把书卖得比出版社便宜些，但他在书店里发行能力太有限，也没有其他渠道，比如说图书馆。但这种做法适合新手，整天追着出版商，漫长地等待，还不如自己来出。必须尊重这种选择，在这个领域里，大家都是自由的。作者兼出版人可以自学，或上出版辅导班，增加对这个行业的了解。

当然，要获得出版方面的众多知识，有时需要花很多钱。出版辅导班我就不说了。要知道什么叫版本备案，什么叫ISBN，什么叫堵头布①，这些东西都有什么用。然后，还要会选择纸张和装帧方式，印刷厂和其他环节的人可以提供帮助，但他们对作者的选择可不负责。一本书是出版社出的还是作者自己出的，根据以上这些东西马上就可以分辨出来。我们也会收到作者的请求，希望改变做法。停止自费出版，想通过出版社试试运气。这往往是因为出版的第一本书收支太不平衡。不过，我再次强调，这也是必须尊重的一种选择。

在大部分国家，宣传和发行是分开的。宣传是让大家了解这本书，其实是促销，为销售找到最后的突破口。而要做到这一点，就必须与出版商和发行商很好地合作。发行是负责把书送到书店，保证供货和收款。不过，在魁北克，由于图书市场小，这两项活动是不分的，宣传促销由出版商自己负责。除了出版社的铺货，发行代表也会走访书店，给发到书店的书开票。原则上，书店可以在一定的期限内退货，尤其是新书。我说的是原则上，因为必须这样。不过，时间越久，新书的数量就越多，书店便会把卖不掉的书退回来。由于出版社出的书越来越多，书店根本没有其他办法。退货制度无论是对书店、发行商还是对出版商来说都是一头黑兽，甚至对作者来说也一样，因为要在很多个月以后才能给他报准确的销售数字。

我前面说过我跟发行商发生过两件可怕的事情。我之所以无怨无悔，是因为我把自己当作是一个不精明的商人。为了

---

① 指嵌在精装书书脊上下两端的布带。

摆脱险境，难免受损失，有时损失巨大。

发行商数量有限，这对书店来说无疑是好事，因为只需集中从几个地方进货，况且法国的大部分出版社在加拿大都有发行商。除了魁北克的出版社，别忘了还有欧洲的许多法语出版社。一个小小的安慰：魁北克图书所占比重越来越大。

请允许我在这里谈谈发行商与出版社的关系。显然，一家出版社，如果所出的书质量有保证，营业额足够大，发行费有保证，发行商肯定会对它感兴趣。但小出版社找发行商就难了。出版社要出好卖的书和畅销书，问题也就来了，畅销书毕竟是少数，而发行量小的书，也就是亏本的书，却数以百计。只有印刷厂和作者是旱涝保收。我就纠正一点：印刷厂的利润有限，得通过印数来弥补。在这方面，垄断也是不可避免的。我们可以想想"跨陆""马其""弗里森"等厂家，他们控制了整个市场，有时成了出版社的银行。至于作者，他们也不会亏，如果卖得不好，他们损失的只是时间而已。因为版税是根据销售数量来计算的，不管是卖掉一千册还是多得多，作者努力的结果、他的坚持和他的知识都体现在里面。而出版社是最大的输家，因为他不单要支付所有的出版费用，而且所有印出来的书，不管有没有卖掉，他都要买单。不管愿不愿意，在这个链条上，冒险的是出版人，而别的参与者并不会有太多损失。请不要哭泣！

出版社认真评估了一本书（不一定要保证畅销）的质量之后，也要完全信任他的发行商，并与自己的团队一起努力工作，密切配合。在经济方面，出版社的腰杆也必须硬，因为在这个领域，回款的周期很长，书卖掉之后发行商才会付款。

无论如何，发行商有经验丰富的律师起草的合同，条款严密，万一发生纠纷，或出版商出于某种理由关门，他都掌握着主动权。由于有退货制度，如果出版社出书少了，书卖得少了，或者关门了，发行商都有库存的图书做抵押。他全部或者部分是根据退货来安排进货的，如果出版社倒闭了，欠发行商钱，发行商可以拿他的库存来清算。而对于出版商来说，如果他的书卖不出去，不管是选题问题还是发行商对书不感兴趣，又或者是他想到别的地方去看看外面的世界，他都很难脱身。

2011年，在图书界，人们到处在谈论一价制。我可以告诉你我对此的看法，我不怕树敌。不管你们愿不愿意听，我都要说。魁北克的书价是出版商根据自己的成本来决定的，也要看印数，同时要考虑其他因素。书店的折扣也如此，它反映了法律的要求。读者买书，无论是在蒙特利尔、拉图克（假如那里有书店）①、特鲁蒙维尔还是在魁北克市，都必须根据定价付款，不管是在书店里买的，还是在大超市、专业商店还是在药店（据我所知，书店可不卖避孕套！）买的。所以没有任何折扣的优惠，包括从出版社那里买书。关于这个棘手的问题，我就不展开谈了。要实行这样一条法律，有许多巨大的暗礁要绕过。我深知这一点。什么垄断利益集团，在我们这个领域就有，用不着去太远的地方寻找。

---

① 拉图克，魁北克省的小镇，只有1万多人口。

7. 黄昏的日子

布罗凯出版社卖给了我儿子安托万，我出去度了两个星期的假（如果不说退休），回来后，我继续在这个领域工作，不过，是为了让我儿子能借助某些条件，让各方面都能严格遵守规则。把企业卖给自己的儿子，不管是什么企业，这都是一种历险，漫长、危险、道路崎岖。你的继承者或继承者们不一定赞同你的全部想法，甚至觉得你的想法已经过时。关于管理的模式和书稿的选择，意见也不一定一致。就我们而言，我可以说，相当成功。毫无疑问，安托万首先是一个商人。"他有嗅觉"，正如人们所说。而我呢，我一直试图把出书的乐趣与成本的控制结合起来。书出得少一点，但要出一些大家喜欢的书。今天我不得不（亲口）承认，我儿子看问题的方法是对的，因为我一直没有放弃做我喜欢做的事情。显然，必须保持收支平衡：对一家商业公司来说是这样，对一家文化企业来说也是如此。说到底，就是实现某种平衡。从某种程度上来说，出版商就是一个赌徒，他很快就会上瘾。

几年来，我一直试着劝接我班的儿子增加一点文学作品的出版，但他觉得，文学图书的前景不那么乐观，尤其是跟市

场看好的实用类图书相比。于是我又给他出了一个点子，由我
来承担经济风险，他负责行政管理，我负责出书。白费劲，他
不信这一套，我到今天还不相信他已经改变主意，但这是他的
权利。

于是，我只好在罗塞特·皮帕尔的帮助下，成立了一家
新的出版社，专攻文学。罗塞特是个精明的商人，做事很认
真，多才多艺，而且文笔很好。

由于我继续用我的名字来命名我的公司，我儿子和我
的出版社有时会搞混。这没有什么关系，人们会习惯的，再
说，我们出的不是同一类书。

我们感到精神振奋，充满希望，尽管关于文学出版，我
们现在读到的、听到的几乎都是负面新闻。没关系，我们不但
相信（我想，也有点怀疑），而且相当天真（这必须承认）地
认为，出版小说比出版昆虫、园艺或鸟类书籍更容易。但其
实不然。在文学方面，作者更挑剔，期待更高，往往无法满
足，而且，收支很难持平。

经过三年多的努力，我们应该出了100多本书。这已经太
多了，证明我们掉进了出书过多的陷阱，这很大程度是由于退
货制度引起的，也因为迫于作者的压力，有时选择了不该出版
的书稿。退货让我们不得不通过出版更多的新书来弥补。我已
经说过，书出得太多，对出版社和书店都没有好处，最后在选
题方面越来越难做出科学的判断。

后来，我们在2011年9月1日更换了发行商，结果引起了很
多风波。这是一个艰难的阶段，有时不得不接受，原来的发行

商做了无数努力后得到这样的结果，肯定会觉得很不公正。

而且，我们推出了新的计划，希望、渴望但同时也坚信我们走的是一条正确的道路，新的发行商也相信我们的潜力。当然，他创造不了奇迹，不过这也说不准。我们还是需要信任与合作，还得求"上帝保佑"，我曾跟某个发行商这么说，他生气了，我不明白为什么。要推出一本好书，同样也要"书店保佑"。

关于书，我还可以不断地讲下去，有说不完的话。但我还是停下吧，况且关于图书行业的书，已经有许多了，各个方面的都有，有给作者看的、给书商看的、给发行商看的，也有给对文化企业感兴趣的普通读者看的。如何写作和介绍书稿，投给哪家出版社，如何出版、如何印刷、如何发行、如何阅读，甚至对从来没有读过的书也能说上一大堆。这就是迷人的书业。不管它是以现在的形式继续下去，还是改变方式，我都觉得：它永远不会消失。

有时，某个亲近的人会问我："你在生活中还有什么期望？"如果还有人这样问我，我会归结为人们不但还关心我，而且还爱我。这已经很不错了。奇怪的是，我有点无所适从，好像生命从来没有尽头。不过老天知道，我完全意识到我们大家全都命中注定地将走向生命的终点。

但我要回答说，我希望在这之前，能实现一个伟大的计划，向文学发起新的挑战。出好书，很好的书，不用老是考虑我们是否能保持收支平衡，让我最后能底气十足地说，我们不

单为作家服务，而且也为国家、为民族做出了贡献。希望我们
展示了我们所能出版的高质量的东西之后，别人能肯定，我们
就是这样的人。作者也一样，他们将用作品来证明自己，通过
写作来得到回报。多美好的梦想，但又是多大的挑战！

　　好吧，既然不得不做，那就奋勇向前。人们说，我不关
心你的出版社，我问的是你的生活。先把书放在一边，你在余
生还期待什么？你、你的孩子们、你的爱情、你的娱乐，最
后，还有你的梦想。你一定有的。

　　这个问题，我觉得太复杂了，因为，未来，有谁知道呢？
我知道我的孩子们非常爱我。这已经是上天的一个珍贵礼物
了。希望孩子们幸福，这不再是一个梦想，而是一种巨大的愿
望。可他们幸福吗？他们将来会幸福吗？我总是放心不下，感
到担心，这种忧虑一直没有离开过我。

　　我是否告诉过你这本书无法分类？从谈论书，谈论作者
的职业，突然又跳到个人生活。不容易，很尴尬，所以我不能
再拿它冒更多的险。

　　我意识到，随着时间的流逝（我不是说年龄），我们的
要求越来越多。至于我，我很难忘记过去，不管过去是什么样
的。昔日，我曾有一些幸福的时光，这些小小的幸福积累起
来，便成了巨大的幸福。可惜的是，时光太短暂，因为我不断
地忙于工作。今天，它给我剩下些什么呢？更多是回忆。学得
聪明一点了？肯定没有。我一辈子都在犯错，在试图弥补错
误，不时地在个人方面和工作方面获得一些成功。这表明，并
且证明，智慧并不是随着年龄的增加自然而然地增长的，要随

时准备重新开始历险，不怕风险。我好像从来没有意识到亲
人、朋友和同行在慢慢地离去；好像我拒绝承认自己的真正年
龄，可只要看看周围就能明白，时间是不可抗拒的。孩子们是
我生活的中心。这两天，我将成为曾祖父，我的孙子也到了生
孩子的年龄，我的两个儿子则已经在考虑退休。还有一个例
子："签名"丛书的大部分画家都已经去世。这么多例子应该
让我明白这样一个既定事实：该好好收拾了，停下来，把位置
让给更年轻的人了。

　　可是不，我又重操旧业了。为什么要这样做？为什么
不？为什么不做点自己喜欢，自己想做的事情呢，哪怕要面对
随之而来的风险？为什么不在我孩子们和孙子们身上多花点时
间呢？可他们需要吗？我为什么不去实现某些美好的计划，去
外面的世界看看？一切都可以协调的。这种想法从来没有离开
过我，20来岁的时候，我为了它抛弃了一切。我现在还可以在
"我的"阿尔卑斯山进行长征，走上整整一个星期，而且是一
个人。到蒙古沙漠去，在蒙古包里住上几个星期；在科西嘉岛
从北走到南，或者，"像大家一样"，前往康波斯特拉之路①？
又或者，最后一次登上西奈山峰，然后走进圣保罗和圣安托万
修道院（世界上最古老的修道院）呢？或者不走那么远，到
阿巴拉契亚山脉②的小路上走走。你从来没想过要去那里，至

---

① 康波斯特拉，西班牙北部城市，"康波斯特拉之路"又称"圣雅各之路"，
　指从法国各地经由比利牛斯山通往西班牙朝圣之地的道路。
② 阿巴拉契亚山脉，北美洲东部山系，南起美国亚拉巴马州，北至加拿大
　的纽芬兰和拉布拉多省。

少走上一段？我想过，我早就有此梦想，现在还想。或者乘小船，沿魁北克北部的某条大河顺流而下。

这些我都想过，我想出发，哪怕是仅仅为了找回我自己，找回我们每个人都有的人生价值，同时也向自己证明，我还能完成这些大事。

所以，我不愿结束这个故事，这本无法分类的书谈的全是工作。当然，工作很重要，非常重要，尤其是当我们来到一个如此艰难的世界：必须不断地实现自己的价值，证明自己能够成功。可还有比工作更美好的事情，那就是活着。活着，做自己想做的事情，走也要漂漂亮亮地走。

2011年10月的一个早晨，我向窗外看去。雾中的圣索沃尔（加拿大，魁北克）

　　活着，就要享受生活，这就是我的梦想。爱和被爱，充分地实现自我，敢想敢干。给我时间，我需要很多时间。可时间，它是会跑的，它跑得太快了。我看不见它的流逝。那怎么办？再给我一点时间。

鸣 谢

鸣　谢

　　我闯进了写作领域，不能不感谢某些人就结束这场历险。如果我违反了某些规则，那么不仅要感谢以某种方式帮助我完成这本书的人，也请完美主义者不要恨我。

　　首先，我要感谢弗朗索瓦丝·拉贝尔-布罗凯。她去世于1996年，根本不知道我将来有一天会出书。不过，没有她，我不可能在图书这个行业里坚持那么多年。

　　我还要感谢我的第二任妻子安德烈·拉瓦，感谢她的耐心和天生的慷慨，她建议我不如出本小说。

　　然后我要感谢我的瑞士朋友，他们不但鼓励我，还给我提供了一些资料。我在此想列举一些名字：我的表妹弗洛朗丝·莫索-格鲁埃，我的表弟让-皮埃尔·施密特和我的朋友诺尔贝·布罗凯。不能忘记我的老伙伴、我的朋友和表弟雷翁·布罗凯和他的妻子弗朗索瓦丝——弗朗什山区的农场主。

　　鼓励我的还有其他人：我的朋友克洛德·索瓦日、吉尔·维尼奥尔、让·齐格莱、皮埃尔·乌弗拉尔。谢谢我的女儿伊莎贝尔和瓦莱莉，她们不断地鼓励我，直到我写完这本

259

书；感谢我的两个儿子，斯特凡和安托万，感谢他们长期而美好的合作，还有难忘的乘船远行。再去一次？随你们的便。我也不能忘记现在跟我合作的人：大众发行代理公司，他们可以说接过了我的发行。他们跟书店和读者一样，决定跟我参加这一历险。我感谢他们。

我怎么能忘记伯努瓦·帕塔尔？他是作者，也是哲学家和出版人。谢谢他的指正。我肯定还忘了什么人，请他们原谅我。

最后，我要表达我对罗塞特·皮帕尔的感谢，她是我的同行和好友，感谢她宝贵的建议和鼓励，感谢她加入了出版界今天的这场斗争。但愿她能彻底实现自己的梦想：写作，大胆地去写！

译后记

　　马塞尔·布罗凯是加拿大颇有名望、很成功的出版人。通常，出版人很少写书，一是容易眼高手低，二是天天跟书打交道，不想在已经太多的书中再凑热闹。布罗凯就是这样，他卖了很多书，也做了不少书，与书打了大半辈子交道，却是第一次写书，而且是在亲朋好友的催促下，"被人推着后背"动笔的。不过，最后让他下决心的，还是他确有话要说，不仅仅是说他的职业，更多是说他的经历，具体而言，是他的家史、他的家乡和他的童年。的确，在这本书中，有一大半篇幅是写他在欧洲的童年往事，相比后面关于出版的部分，前面的故事写得更细腻、更用心、更投入，他自己也说，他不可能只谈书不谈别的。事实上，前面部分的写作时间比后面要多得多。

　　布罗凯出生在瑞士与法国交界的弗朗什—孔岱山区，那里贫穷而闭塞，生活非常清苦，但在他的笔下，却看不到贫穷，只有无限的诗意和怀念。家乡对他来说有巨大的魅力，现在，年老的他，一有机会就想回去看看，尽管当地人都已经不认识他。其实，他在家乡并没有居住多久，而且当时年龄尚小，并无深刻的印象。但他寻根的愿望是如此强烈，他渴望认识家乡，想了解家乡的一切。他在当地文化馆找到了一些别处难以找到的资料，研究村史、地方史和家族史，一直追溯到18世纪。那个大公，尤其是大公的胖随从，被他写得活灵活现，后来我们才知道，那个近乎传奇的人物，竟然是他的先辈之一。在他本家当中，还有80岁高龄死于巴黎断头台的神甫，有拿破仑军队中的将军，"还有一个在中美洲当传教士，据说，最后被印第安人吃掉了"。

后来，就在第二次世界大战爆发的前几周，他随家人进入了法国辖区，从此被卷进了战争，生活在炮火之中和入侵者的监视下，父亲则"失踪"了，加入了当地的游击队，抗击德国法西斯。可惜的是，他没有死在德国人的枪炮下，却因桃色事件被一个法国中士暗杀了。这是作者鼓足勇气才说出来的。父亲去世后，全家人被迫回到瑞士外婆家，为了活命，兄弟几个纷纷被人领养，寄人篱下。

战后，由于法国政府的补偿金，布罗凯得以进入学校，从此开始接触书，接触文学，结果一发而不能收，即使后来在日内瓦找到了不错的工作，得到了爱情，他也不惜放弃一切，为了自己的爱好而远走他方。这个来自瑞士山区的年轻人，走出大山，走出欧洲，从读书、卖书、做书到写书，一路有书。书给他带来了无穷的快乐，也是一切烦恼和痛苦的来源。但作者坦然接受，他用法国作家雷纳尔的名言来自嘲："我知道文学养不活人。幸运的是，我没有饿死。"

译后记

这部书，首先是一部个人奋斗史，然后才是一个书商，一个出版人的回忆录。书中有太多的故事，有的凄凉，有的悲惨，但爱，对书的爱，爱人的爱，战胜了一切。

译 者

2017年6月